십대를 위한

실패수업

실패를 이겨내고 세상을 바꾼 위인들의 인생 수업

십 대를 위한
실패 수업

과학·문화·예술 편

루크 레이놀즈 지음
정화진 옮김

청어람e)))

내 아들

타일러, 벤자민,

그리고 조슈아에게

강함은 친절이다 – 친절해라

부드러움이 용기다 – 용감해라

인내가 희망이다 – 희망을 가져라

목차

들어가는 말

실제 이야기:

내가 중학교 1학년일 때 1년 중 가장 끔찍하고 위험한, 그야말로 최악의 날이 찾아왔다. 체육 선생님이 우리 모두에게 1,600미터 달리기를 시켰고, 나는 제일 늦은 기록으로 꼴찌를 했다.

개교 이래 최저기록이었다.

나는 운동이 아닌 비디오게임에 뛰어났고, 손안에 돈이 들어올 때마다 한 푼도 안 남기고 사탕을 샀다(오우, 예!). 그리고 학교에서는 잘하는 게 거의 없었다.

더 깊은 실제 이야기:

나는 가게에서 물건도 많이 훔쳤다.

한 줄 요약:

25년 전인 중학교 1학년 때 나는 뚱보에 사탕 중독인 좀도둑이었다.

중학교 1학년 때 모자라고 불량했던 학창시절을 보낸 사람이 쓴 위인들의 이야기를 왜 읽어야 하는지, 독자들에겐 이해가 잘 안 될지도 모른다. 사실은 나라도 그렇게 쓰인 이 책을 읽을 수 있을지 의심이 들기 시작한다. 진심으로.

하지만 잠깐! 실패를 많이 겪어본 나 같은 사람에게서 이야기를 듣는 점이 이 책의 핵심이다. 쭉 읽으시길! 진심이다! 끝까지 읽으시길.

좋아. 여러분이 아직 읽고 있어서 기쁘다. 내 삶의 2막을 들려줘야 하기 때문이다.

중학교 2학년이 되었을 때 제일 큰형의 도움으로 세상을 달리 보기 시작했다. 내가 천 가지의 실수를 범했다면, 천 가지의 변화 또한 이룰 수 있었다. 여러분처럼 내 삶도 진정한 내 모습을 찾아가기 시작했고, 조금이라도 더 완벽한 사람이 되려고 노력하기 시작한 것이다.

하지만 진정한 자신을 찾는 길은 수많은 실수를 하는 것이다. 실패하는 것. 실수하는 것(때로는 무수히).

실수하거나 거부당했을 때, 즉 실패했을 때 기분이 좋을 리는 없다. 무언가를 시도했다가 실패했을 때, 그리고 아무리 노력해도 결과를 바꿀 수 없을 때, 여러분은 큰 포도잼 병 속에 빠진 듯 끈적끈적한 불쾌함을 느낄 것이다. 게다가 그 잼은 여러분의 귀와 콧구멍 안으로 파고들어 평온함을 찾는 여러분의 모든 감각을 파괴할 것이다. 실패가 여러분을 그렇게 만든다는 걸 내가 어떻게 아느냐고? 글쎄….

나는 오랫동안 백여 명의 중학교 1학년 학생들과 종일 어울려왔다. 나는 중학교 1학년 학생들에게 영어를 가르치기 위해 교단으로 돌아왔는데, 나의 학생 중 다수가 내가 중학교 1학년이었을 때 가졌던 것과 정반대의 문제와 씨름하고 있었다. 학교생활을 완전히 엉망으로 하는 대신에 그들은 모든 걸 잘하고 싶어 했다. 수업시간에 빈둥거리지 않고 모든 과목에서 A를 받으려 한다. 그들 중 많은 친구가 1,600미터를 달렸을 때, 예전의 내 기록보다 압도적으로 빠르게 달린다. 내 학생 중 많은 수가 여러 종목의 운동을 소화하고, 예의 바른 말들을 모두 알고 있고, 어른들에게나 가능할 목표치와 기준에 도달하려고 애쓴다.

물론 그런 것들이 훌륭할 수도 있다. 그런 목표를 이루고자 하는 자체가.

하지만! 이 '하지만'은 굉장히 강렬한 것이다. 마치 대화에 쐐기를 박고자 할 때, '내 반론에 귀 기울여!'라고 외치는 것처럼. 인간으로서 우리의 본모습을 찾는 데는 몇 번의 실패를 경험하는 것이 필요하다. 노력하고, 실패하고, 위험도 감수하는 것의 의미를 알 필요가 있다. 실패하지만 그 실패가 우리에게 올바른 방향을 알려 준다는 것을 깨닫게 된다. 어디서 잘못한 건지를 알 수 있기 때문이다. 무엇이 유용하고 무엇이 소용없는지도 알게 된다. 여러분이 아무리 뛰어나도 몇 번의 실수는 피할 수 없다. 누구도 예외는 없다. 실수란 숨 쉬고, 밥 먹고, 잠자고, 그리고 사탕 먹는 것처럼 삶의 일부이기 때문이다(내가 마지막에 사탕을 추가한 건 여러분이 아직 내 글을 읽고 있는지 확인하고 싶어서다).

그런데 실패란 무엇일까? 웹스터 사전을 보면 명사형이나 동사형이나 뜻은 똑같다. '성공하지 못함'과 '조금 부족함'이 내용의 중심이다. 아주 간단하다. 하지만! 웹스터 사전엔 '성공하지 못한 사람', 혹은 '조금 부족한 사람'이라는 말이 없다. 실패는 과정일 뿐 사람이 아니기 때문이다. 실패란 우리가 언제든 바꿀 수 있는 일련의 선택과 행위의 결과물이다. 그렇다 해도, 결과물이 예상과 다르게 나오면 우리는 자신이 실패했다고 쉽게 규정하려고 한다. 그러지 않으려고 애를 쓰는데도 왜 우리는 여전히 흔들리는 걸까?

우리가 흔들리고, 넘어지고, 실패하는 데는 큰 이유가 있다. 우리가 인간이기 때문이다. 사람 자체가 쓰러지고 실패하는 일 없이 인생을 살 수 없는 존재인 것이다. 누군가 계속 성공 가도를 달리는 것 같아도 속을 들여다보면 꼭 그렇지만도 않다. 우리가 잘 모를 뿐, 그에게도 적지 않은 실패가 있다. 어린 시절에 선생님께 의자를 집어 던지고 초등학교 내내 최악의 문제아였던 알베르트 아인슈타인이 대표적인 예다. 누가 봐도 실패와 실수투성이 아닌가(1장에서 그에 대해 더 알게 될 것이다).

9장에 등장하는 마리암 미르자하니도 좋은 예다. 최고의 상을 받은 수학자였지만 중학교 시절까지만 해도 수학을 좋아하지도, 잘하지도 못했다.

그 유명한 해리 포터의 작가인 조앤 롤링의 경우는 또 어떤가? 그녀의 첫 자필 원고는 수많은 거절을 경험하고서야 초판이 인쇄될 수 있었다(여러분은 그녀의 극적인 이야기를 2장에서 읽게 될 것이다).

완벽하게 태어난 사람은 없다. 얼마나 열심히 살든, 우리는 모두 삶의 과정에서 넘어지곤 한다. 의지와 신념, 그리고 다시 일어나서 가던 길을 계속 가는 용기가 문제 해결의 열쇠이다.

다른 예도 있다. 수많은 사람뿐 아니라 아이디어도 역시 실패할 수 있다(14장의 '실패의 길목에서'에 나오는 건물인 '라 파브리카'의 원래의 목적 같은 경우이다). 때로는 대성공을 짐작게 하는 사업 아이디어가 두 친구에 의해서 나올 때가 있다. 아이디어에 매혹된 투자자들이 두 친구가 창업할 수 있도록 투자한다. 얼음에 재운 샴페인과 색종이 폭죽 등 거대한 창업식 후에는… 우르릉 쾅! 큰 실패가 따라온다. 제품에 결함이 있다. 두 친구 사이에 소통도 잘되지 않는다. 어느 것도 계획대로 진행되지 않는다. 꿈은 악몽으로 변한다. 두 친구의 미래는, 그리고 제품, 투자자들, 소비자들의 미래는 어떻게 될 것인가?

여러분이 실패를 부정적인 것으로 낙인찍는 사람이라면 위 질문에 대한 대답은 처참할 것이다. 하지만 사업 속에 있는 실패, 역경, 실수, 이 세 가지는 두려움을 만들어 내는 것이 아니라 두려움을 없애는 길을 찾는다. 그리고 여러분이 진정 위대한 사람이 되고 싶다면 가장 큰 요구사항 중 하나가 두려움을 이기는 것이다. 아마도 여러분은 이런 말을 들어 봤을 것이다.

"첫 번째 시도가 성공하지 못하더라도 두 번, 세 번 계속 시도하라."

이런 진부해 보이는 문장이 다음과 같은 정반대의 문장들 대신에 오랫동안 호소력을 갖는 데는 이유가 있다.

"첫 번째 시도가 실패하면 사라져버려라!" 혹은 "첫 번째 시도가 실패한다면 여러분은 성공할 자격이 없는 사람이다."

우리가 알고 있는 첫 문장의 의미는 이렇다.

"처음에 실패한 여러분은 이제 다음의 성공까지 한 발짝 더 다가가 있는 것이다."

아까 그 실패한 사업 이야기로 돌아가 보자. 두 친구가 원래의 사업 대신에 공장이었던 건물에 투자하기로 한다면, 그래서 지역사회에 더 적합한 공공건물로 바꾸기로 한다면? 혹은 건물을 처분한 돈으로 투자자들의 자금을 갚고, 제품을 수리하고, 기존 사업을 온라인으로 전환하기로 한다면? 두 친구에겐 실패로부터 배워서 다음의 성공으로 갈 수 있는 다양한 길이 있다.

중학교 1학년을 마친 후 25년 동안 내 앞에 놓였던 실패와 역경, 실수 들로부터 나 자신과 삶에 대해 많은 것을 배웠다. 나는 결국 그 1,600미터를 좋은 기록에 완주할 수 있었고, 고등학교 시절엔 크로스컨트리팀에도 들어갔다. 또한, 공부도 열심히 해서 우등생이 되었고, 옥스퍼드 대학에서 1년 동안 대학 생활을 했다. 나는 멋진 여인을 만나 결혼해서 세 명의 아들을 둔 아버지가 되었고, 정말 좋아하는 교사와 작가라는 두 개의 직업을 갖고 있다.

나는 아직도 많은 실수를 저지른다. 어떤 의미로 보면 크고 작은 실수 없이 하루를 보내 본 적이 없다. 하지만 중학교 1학년 시절의 불행을 극복했듯이 나는 이 실수들을 받아들이고, 그로부터 배우며,

매일 조금씩 나아지려고 노력한다.

하지만 내 말만 믿지는 마시라. 어쨌든 여러분은 이렇게 생각할지도 모른다.

'알겠어요, 아저씨. 1,600미터를 다 뛰셨단 말이네요. 놀라워요. 그런데 그게 저와 무슨 상관인지 모르겠어요.'

좋다. 여러분의 생각이 크고도 또렷하게 들린다.

그러니 이렇게 하시라. 끝까지 읽어라. 실패 수업 시리즈에 등장하는 35명과 21개의 '실패의 길목에서'에는 세상, 혹은 그 일부를 바꾼 진정 위대한 사람들의 극적인 이야기가 들어 있다.

그리고 맞춰 보시라. 그들은 많이 실패했다. 많이 거절당했다. 많은 실수를 저질렀다.

내가 말했듯이 여러분이 나를 믿지 않아도 좋다. 끝까지 읽어보라. 그 모든 이야기를 읽고 나면 여러분은 아마 그들은 믿게 될 것이다.

덧붙이는 말

실패 수업에는 내가 깊이 존경하고 찬사를 보내는 사람들의 이야기가 실려 있다. 그들은 하나같이 삶 속에서 여러 고통과 도전을 극복했다. 그들의 의지와 희망이 어떻게 자신에게 도움이 되었는지를 보여 주려고 했다. 그러다 보니 혼자만의 의지나 용기만으로는 극복할 수 없었다는 중요한 깨달음을 얻었다. 실패 수업의 영웅들에겐 예외 없이 타인의 도움이나 응원이 필요했다.

배우인 크리스토퍼 리브에겐 그를 조건 없이 사랑한 아내인 데이나가 있었다. 대법관 소니아 소토마요르에게는 좌절하지 않고 용기 있는 어머니인 셀리나의 헌신과 지지가 있었다. 동물학자인 템플 그랜딘에게는 창의적이고 자상한 그녀의 고등학교 은사인 윌리엄이 있었다. 모든 경우에 본인의 투지만 가지고는 절대 불가능했다.

더 나아가서 프레더릭 더글러스가 도망쳤던 노예제나 현재도 실존하는 인종차별주의와 성차별주의 같은 폭압적 제도 아래서 개인의 의지나 용기만으로는 문제를 극복하기엔 어림도 없다. 인간으로서, 그리고 지구라는 행성의 주민으로서 우리는 우리 일에 최선을 다해야 한다. 그뿐만 아니라 실패 수업에 나오는 아름답고 용감한 사람들처럼 불평등한 제도를 바꾸기 위해 함께 노력해야 한다. 그것을 위해 우리는 소리 높여 외치고, 피해자들을 지지하고, 우리의 성공이 단지 우리만의 성공이 아님을 항상 기억해야 한다. 우리의 성공은 항상 다른 사람들에게도 도움과 용기를 주어야 한다.

1 알베르트 아인슈타인
Albert Einstein

상상은
지식보다
중요하다.

📱 다섯 살 때 아인슈타인은 세계 최고의 과학자들 앞에서 강연했다. 과학적 이론들과 풀이 과정을 막힘없이 설명했다. 어린 아인슈타인 주변에 모여 있던 과학자들은 그의 지식에 모두 압도당했다. 강연이 끝나자 그는 놀라운 솜씨로 바이올린을 연주했다. 그리고서는 그가 유치원에 있는 텃밭에서 틈틈이 키운 재료들로 만든 컵케이크를 과학자들에게 공손히 대접했다. 아인슈타인의 선생님들은 늘 그가 위대한 인물이 될 것이라고 믿고 있었다. 그가 어른이 되었을 때 처음 지원한 직장에 들어갔으며, 곧바로 노벨상을 받았다. 모든 사람이 그를 사랑했다.

아…니.

위 내용 중에 적어도 한 가지는 살짝 맞다. 아인슈타인은 어릴 적에 바이올린을 켜긴 했지만, 연주 후에 컵케이크를 공손하게 대접했던 일은 없었다. 오히려 바이올린을 배울 때 한 번은 화를 참지 못하고 선생님에게 의자를 집어 던져 버렸다! 그는 불같은 성격이어서 화가 나면 소리를 지르곤 했기 때문에 '성난 바지'로 불렸다. 하나도 이상하지 않은 별명이었다. 이러한 성격 때문에 그의 초등학교 선생님 중 한 명은 이렇게 말했다.

"그 아이는 아무것도 못 될 거야. 교실에 그 애가 있는 것만으로도 수업 분위기를 완전히 망쳐버린다고."

또 다른 선생님은 그가 '거름용 체와 같은 기억력'을 가졌다고 말했다. 달리 말하면, 선생님들의 눈에 아인슈타인은 언제 터질지 모를 시한폭탄일 뿐 큰 인물이 될 가능성은 아예 없으며, 암기능력은 하도

샐 구멍이 많아 스파게티를 거르는 체와 같다는 것이다.

워, 워!

수업 중에 아인슈타인은 너무 화가 나서 선생님에게 의자를 집어 던졌다!

어느 선생님인가 여러분에게 과학이나 수학, 혹은 영어에 재능이 없다고 말한 적이 있었나? 어느 선생님이나 친구가 그것은 여러분의 능력 밖의 일이니 다른 일을 찾아보라고 말한 적은 없었나? 아니면 여러분 스스로 자신에게 그렇게 느꼈을 수도 있다. 여러분은 혹시 낮은 성적표를 받아보고 자신의 인생은 글렀다고 생각해본 적은 없는 가? 여러분이 화를 냈다거나, 혹은 문제를 일으켰다는 이유로 교장실에 불려갔을 때, 자신이 문제라는 생각이 들었나? 만일 그렇다면 여러분은 위대한 '성난 바지', 아인슈타인과 잘 어울릴 수 있는 사람이다.

아인슈타인의 유년 시절과 관련해서 또 한 가지 흥미로운 사실이 있다. 그가 모든 걸 큰 소리로 반복하는 이상한 버릇을 가졌다는 것이다. 처음엔 중얼거리다가 다음엔 다른 사람들에게 들으란 듯이 크게 말했다. 중얼거리기 이전에 그는 말하는 게 아주 늦은 아이였다. 어린 아인슈타인은 쳐다보고, 듣고, 그리곤 가만히 있기 일쑤였다. 다른 아이들보다 빨리 각각의 단어를 깨우치는 대신에 그는… 글쎄… 언어 쪽으로 보면 여러분이 알고 있는 천재가 아니었다. 학습능력 면에서 그는 종종 가장 느린 아이였으며, 배웠거나 생각했던 것을 다

실패, 다음엔 성공!

찰리 브라운이라고 들어 봤나? 피너츠라는 연재만화를 그린 유명한 화가이자 만화 천재 찰스 슐츠는 그의 고등학교 졸업앨범에 그림들을 싣고 싶다는 제안을 했다가 거절당했다. 현재 피너츠 관련 상품은 연간 1조 원 이상 팔린다.

시 말할 수 없었다. 어쩌면 반복하려 하지 않았을지도 모른다! 그는 한번 더 확인하고, 생각해야 했으며, 입 밖으로 내기 전 한동안 머릿속에 담아 두어야만 했다.

사람들이 얼마나 자주 속도와 지능을 동일시하는지, 여러분은 눈치챈 적이 있는가? 수업시간에 선생님이 던진 질문에 빠르고 올바르게 대답하면 여러분은 똑똑한 학생이 된다. 수학 선생님이나 영어 선생님이 답을 물어보거나 의견을 물었을 때, 여러분이 조리 있는 말로 빠르고 분명하게 대답하지 못할 수도 있다. 그러면 여러분은 스스로 지능이 모자라거나 무능하다고 느낄지도 모른다. 아마도 여러분의 선생님들은 아인슈타인의 진짜 이야기를 들어 본 적이 없는 모양이다!

아인슈타인이 말을 늦게 시작했고, 입이 열린 후에도 말하기 전에 중얼거리면서 돌아다녔다. 이런 사실을 선생님들은 모르고 있다.

이 얘기를 들은 여러분이 무슨 생각을 하고 있는지 알 것 같다.

'아저씨, 아인슈타인이 초등학교를 졸업한 후엔 드디어 천재로 인정받았고, 모든 선생님이 그를 사랑했지요?'

틀렸다.

아인슈타인은 성장하는 동안에도 여전히 학교를 싫어했다. 학교는 그에게 맞지 않았다. 결국 열다섯 살이 되었을 때 중퇴했다(정말로 그는 고등학교를 중퇴했다). 가업이 어려워진 탓에 그의 부모님과 여동생 마야는 독일의 뮌헨에서 북부 이탈리아로 이사를 해야만 했다. 그들은 유대인이어서 가업인 전기회사가 때로 반유대주의 사람들에 의해 공격을 받을 수도 있었다. 그의 부모님은 회사는 이탈리아로 옮기더라도 아인슈타인만큼은 고등학교를 졸업하기 위해 뮌헨에 남겨야 한다고 생각했다.

여러분이 상상하듯 십 대인 '성난 바지'에게, 자신이 그토록 싫어하는 고등학교를 졸업하기 위해 뮌헨에 남으라는 부모님의 결정이 달갑지 않았다. 그래서 그는 학교를 그만두었다. 그 충격적인 결정을 부모님과 상의도 없이 내려 버렸다.

만일 여러분이 큰 실수를 저질렀는데 되돌릴 수도 없다고 느낀 적이 있다면, 혹은 그 실수가 평생 여러분을 실패자로 만들 거라고 느낀 적이 있다면, 이 점을 기억하라. 인류 역사상 가장 똑똑한 사람도 역시 큰 실수들을 저지른다는 것을.

무슨 말이냐고? 결국엔 모든 게 잘 풀려서 아인슈타인이 노벨상을 받게 됐다고 여러분은 생각할 것이다.

절대. 어림도 없는 얘기다. 아인슈타인은 결국 학교로 돌아갔다. 스위스 연방공과대학을 졸업했다(예에! 축하합니다, 아인슈타인! 결국 해냈군요!). 하지만 그는 졸업 후에도 직장을 구하지 못했고, 박사학위를 따기 위해 논문을 쓰려고 노력했다. 그것도 잘 안 되어서 그의 모든 논문 주제가 통과되지 못했다.

아인슈타인은 직장도 없고 돈도 못 벌어서, 부모님에게 도움이 되지 못하는 자신의 처지에 비참함을 느꼈다. 다양한 시도를 해봤음에도 불구하고 무엇을 해야 하는지, 어느 곳으로 가야 하는지 알 수 없었다. 한 마디로 갈피를 못 잡고 있었다. 결과적으로 그의 자존감은 어떻게 되었을까? 무너져 버렸다. 자신을 쓸모없는 존재로 생각하는 젊은 아인슈타인을 상상해 보라. 집에서 밥만 축내던 그는 꺾이고 절망스러웠고, 미래는 한 치 앞도 알 수 없었다.

알베르트
아인슈타인

가족들에게 짐밖에 안 되고…
진심으로 태어나지 말았어야 했다.

1898년, 열아홉 살인 아인슈타인은 여동생에게 보낸 편지에 이렇게 썼다.

"지금 나를 가장 힘들게 하는 건 당연하겠지만, 어려움에 부닥친 불쌍한 부모님이란다… 난 가족들에게 짐밖에 안 되고… 진심으로 태어나지 말았어야 했다."

잠깐! 그건 너무 심한 말이 아닌가! 아프네! 그것은 실패로 자존감이 무너진 그의 진짜 속마음이었다. 만일 그때 그가 항복을 선언했다면? 만일 그가 이렇게 말했다면?

"과학은 무슨 과학! 아주 이가 갈린다. 빌어먹을 과학!"

다행스럽게도 그는 그러지 않았다.

드디어 아인슈타인은 직업을 구했다. 서류 분류하기! 맞다. 과학자이자 수학자인 그는 5년 동안 스위스에 있는 특허사무소에서 서류들을 분류해서 캐비닛 안에 넣는 일을 했다. 다른 천재들로부터 발명의 원리를 담은 우편물이 도착하면 봉투에서 서류를 꺼냈다. 똑똑한 사람들이 열람하고 특허를 결정할 수 있도록 적합한 위치에 넣어 두고, 다음 봉투를 열었다.

우리가 잘 알고 있듯이 서류 정리는 아인슈타인이 유명해지는 이유는 아니다. 그의 삶의 획기적인 변화는 $e=mc^2$(에너지는 질량 곱하기 광속의 제곱과 같다)이라는 단순한 등식으로부터 시작된 것이다. 하지만 그가 이 간단한 등식을 논문에 소개했을 때 물리학계는 거의 멍청이가 되어 버렸다. 그 논문을 읽은 연구자들은 어떻게 그런 개념을 떠올렸는지 아인슈타인을 만나서 물어보기를 원했다. 그것은 마치 하

굽히지 않는 용기를 가져라!

수학자 에이다 러브레이스는 시인인 바이런 경의 딸로 태어난 것이 불행이었다. 바이런은 그녀의 아버지인 것을 원치 않았다. 그는 물의를 일으키지 않기 위해 딸을 버리고 영원히 영국을 떠나 버렸다. 하지만 에이다는 커서 대 수학자가 되었을 뿐 아니라, 후에 최초의 컴퓨터 프로그램이 되는 이론을 개발하기도 했다.

늘에서 뚝 떨어진 것 같았기 때문이다.

하지만 하늘에서 뚝 떨어진 것이 아니었다.

아인슈타인은 살아오면서 성공의 공식에 잘 맞추진 못했을지 모르지만, 상상만큼은 멈춘 적이 없었다. 그의 뇌는 늘 자유로웠다. 전통적인 방식에 구애받지 않고, 끊임없이 생각을 발전시키며 학습했다.

알베르트
아인슈타인

상상은 지식보다 중요하다.

그는 열여섯 살에 스스로 '시각화 실험'이라 불렀던 것을 하곤 했다. 그것은 우주 안의 관계들을 상상하는 것이었다. 학교에서 하는 평범한 방식이 아니었다. 하지만 그것은 아인슈타인의 재능이자 탁월함의 씨앗이었고, 후에 "상상은 지식보다 중요하다"라고 말할 수 있는 근간이 되었다. 이 시각화 실험은 시험을 위한 암기나 빈칸 채우기, 시험지의 정답을 찾는 과정과는 전혀 다르다. 반대로 그것은 황당한 가능성이나 소위 이론물리학이라 불리는 가상의 시나리오를 기반으로 한다. 이론물리학은 전통적이고 일반적인 방식으로 과학과 수학을 정밀하게 다루려고 하지 않는다. 아인슈타인은 새로운 수학적, 과학적 가능성과 이론들을 만드는 데 창조적인 상상을 더했다. 예를 들면 열여섯 살 때, 그는 빛과 나란히 달리면 어떤 일이 벌어질지 머릿속에 그려보았다.

계속 실패하고 자신을 둘러싼 세계로부터 갖가지 방법으로 거부당하면서도, 아인슈타인은 대다수 사람과는 달리 상상을 멈추지 않았다. 그의 뇌는 일반적인 생활 방식을 벗어나 우리가 생각할 수 없는 곳까지 상상의 나래를 뻗쳤다.

지금 여러분의 목소리가 들린다.

'알겠어요, 아저씨. 그러니까 결국 아인슈타인이 세상으로부터 사랑을 듬뿍 받아서 노벨상을 탔다는 것 아닌가요?'

아니. 비슷하지도 않다. 비록 많은 주목을 받고, 새로운 개념과 이론 들을 개발해서 계속 낡은 사고들을 깼음에도 불구하고, 그는 노벨상을 타지 못했다. 아주 오랫동안 다른 과학자들이나 수학자들로부터 인정을 받지 못했다. 독일의 화학자인 빌헬름 오스트발트에 의해 아인슈타인은 1910년에 처음으로 노벨상에 추천되었다. 그는 원래 1901년의 연구 작업에서 아인슈타인을 배제한 인물이었다. 하지만 오스트발트가 아인슈타인의 천재성을 깨달았음에도 불구하고, 노벨위원회의 과학자들은 아인슈타인을 인정하지 않았다.

다음 해인 1911년에도 인정하지 않았다.

1912년, 1913년, 1914년, 그리고 그 이후에도 그들은 그의 뛰어남을 인정하지 않았다.

그렇다. 그들은 아주 오랜 세월 동안 그의 천재성을 알아보지 못했다. 1921년이 되어서야 드디어 아인슈타인은 10년 전에 그가 행한 연구(광전효과)의 업적을 근거로 노벨상을 받았다. 거부의 근거를 대보라고!

아인슈타인이라는 이름을 가진, 화를 잘 내고, 혼잣말하고, 의자를 집어 던지고, 고등학교를 중퇴한 사람이 있다. 그가 세계에서 가장 뛰어나고 창의적인 수학자가 되리라고는 아무도 예상하지 못했다. 그는 수많은 실패와 좌절, 그리고 실수를 이겨냈다. 하지만 똑똑함은 속도와 성공으로 결정되는 것이 아니다. 아인슈타인이 우리에게 보여줬듯이 창조성, 그리고 시도와 실패로 결정되는 것이다.

그러므로 다음에 여러분이 진짜로 화가 나거나, 팀이나 동아리로부터 거부를 당하거나, 혹은 주변 사람들이 여러분을 본래의 모습으로 보려고 하지 않더라도 힘을 내라. 여러분은 아인슈타인과 닮은 점이 많기 때문이다.

공지사항: 바이올린 선생님에게 의자를 던지지 마시오.

2 조앤 롤링
J. K. Rowling

세상을 바꾸는 데
마법은 필요치 않아요.
이미 우리 안에 있는 힘을 끌어내면
돼요. 우리에겐 끝없는 상상력이
있거든요.

📱 롤링은 『해리 포터와 마법사의 돌』을 두 달 동안 폭풍처럼 몰아 썼다. 집필하는 동안 그녀는 희귀하고 값비싼 차와 컵케이크를 즐겼는데, 그 케이크는 네 번 갈아낸 밀가루와 티베트의 고산지에서 수입한 설탕으로 만든 것으로, 하나에 약 17만 원이나 했다. 쓰는 내내 두 명으로부터 발 마사지를 받았으며 밤이면 텍사스 주만 한 크기의 침대에서 휴식을 취했다. 그리고 완성된 원고를 처음으로 받은 출판사 사장은 세계적인 베스트셀러가 될 것을 직감하고 봉투를 뜯기도 전에 계약서에 서명했다.

음… 전혀!

위에 나열된 내용은 모조리 거짓말이다. 〈해리 포터〉 시리즈의 첫 편을 편하게 쓰기는커녕 소설의 구상을 짜내는 데만 수년의 세월이 흘렀다. 스승들은 그녀에게 몽상을 멈추고 현실에 집중하라고 말했다. 롤링은 대학 졸업 후 자신의 경력에 아무 도움도 안 되는 여러 직업을 거쳐야 했고, 그동안 해리 포터는 그녀의 마음 깊숙한 곳에 숨어 있어야 했다.

삶의 어려움에 직면했을 때 롤링은 오랫동안 자신이 품고 있던 이야기를 쓰려면 성공뿐 아니라 모든 위험까지도 무릅써야 함을 깨달았다. 롤링은 어린 딸 제시카를 혼자 키우고 있었다. 자식을 돌보면서 생활비를 벌 수 있는 직업을 갖기란 불가능했다. 그래서 딸과 살아남기 위해 정부 보조금을 받아야만 했다.

입에 풀칠하기도 힘든 삶이었다. 지치고 기죽은 채로 자신의 해리 포터가 세상에 나올 수 있을지, 좋은 작품이 될지 알 수 없었지만, 그녀는 소설을 쓰기로 과감히 결정했다. 그녀에겐 잃을 것이 없었다.

롤링은 쓰고, 쓰고, 또 썼다. 마침내 시리즈 첫 편의 초고가 완성되었다. 낮에는 스코틀랜드 에든버러의 작은 카페에서, 밤에는 그녀의 작은 아파트에서 원고를 채워 갔다.

그녀에겐 믿음이 있다.

"세상을 바꾸는 데 마법은 필요치 않아요. 이미 우리 안에 있는 힘을 끌어내면 돼요. 우리에겐 끝없는 상상력이 있거든요."

그녀의 소설들이 환상적인 마법의 이야기이긴 하지만, 사람의 상상력이야말로 진짜 마법이며, 또한 그 힘은 우리 안에 있다고 롤링은 믿는다. 아름답고 선한 목적을 위해 기다리고 있다고 믿는다.

5년간의 집필과 수정을 거친 끝에 롤링은 크리스토퍼 리틀이라는 대리인을 만났다. 출판계에서 대리인의 역할은 작가의 원고를 출판사에서 받아들일 수 있도록 돕는 것이었다. 그는 롤링의 원고를 출판사의 편집자들에게 보냈다. 한 번, 두 번, 세 번.

네 번째 출판사에도 보냈다.

꿈을 가져라, 너무 따지지 말고!

퓰리처 수상 작가인 솔 벨로도 한때는 그의 대학교수들로부터 작가로는 성공할 가망이 없다는 평을 들었다.

다섯 번째, 여섯 번째, 일곱 번째 출판사에도 보냈다.

여덟 번째 출판사에도 보냈지만, 이전의 출판사처럼 거절당했다.

그는 아홉 번째 출판사에도 보냈지만 돌아온 것은 시장성이 없으므로 출판할 가치가 없다는 답변이었다.

열 번째 출판사도 같은 답변을 했고, 열한 번째도, 열두 번째도 한결같았다!

조앤 롤링

세상을 바꾸는 데 마법은 필요치 않아요.
이미 우리 안에 있는 힘을 끌어내면 돼요.
우리에겐 끝없는 상상력이 있거든요.

열두 개의 출판사들이 『해리 포터와 마법사의 돌』을 읽었고 모두 내용이 신통치 않으며, 재미도 별로 없어서 잘 팔리지 않을 거라고 결론지었다. 첫 책과 이후에도 이어질 모든 실패에 롤링은 어떻게 대처했을까? 그녀는 이렇게 말했다.

"실패는 잘못되거나 불필요한 것을 하나씩 제거하는 과정이에요. 나는 자신에 대해 솔직하기로 했어요. 그리고 내게 중요한 단 한 가지 일을 끝내는 데 모든 힘을 쏟아부었죠."

자신을 실패자로 여기는 대신 실패로 인해 자신에게 더욱 집중했다고 롤링은 말했다. 실패는 자신이 진정으로 원하는 것이 무엇인지 알 수 있게 해 주었다.

무려 열두 번의 실패! 어떤 느낌이었는지 상상해 보라!

여러분이 성장기에 간절히 과학자의 꿈을 가졌다고 생각해 보자. 과학자가 되기 위해선 많은 실험을 해야만 하고, 그 결과로 원리를 확인하게 될 것이다. 멋지지 않은가! 하지만 그 후 여러분이 준비한 실험이 실패로 끝난다. 실험이 실패했다는 사실 외에는 남는 것이 없다.

다시 한 번 시도한다. 두 번째 실험도 실패한다. 어딘가에서 실수가 있었을 것이다. 과학자가 되기를 포기할 수도 있다. 하지만 한 번 더 도전해본다. 그리고 그것마저 실패한다!

똑같은 실험을 총 열두 번 시도하는 걸 상상해 보라. 여러분은 자신이 과학자가 될 자질이 없다고 생각하지 않을까? 같은 실험을 시도하고 실패하는 것이 쓸데없는 일이라고 생각하지 않을까? 일을 계속 망치는 데 오랜 시간을 들일 가치가 있을까?

롤링은 그 시점에서 포기할 수도 있었다. 하지만 그녀도 출판대리인 리틀도 포기하지 않았다.

> 나는 자신에 대해 솔직하기로 했어요.
> 그리고 내게 중요한 단 한 가지 일을
> 끝내는 데 모든 힘을 쏟아부었죠.

조앤 롤링

마침내, 거의 1년이 지났을 때 열세 번째인 블룸스베리 출판사가 롤링의 원고를 읽고 계약을 하자고 제안했다. 그런데도 롤링의 대리인은 그녀에게 너무 큰 기대는 하지 말자고 못을 박았다. 롤링은 후에 이렇게 떠올렸다.

"계약이 임박했을 때 내 대리인은 내게, '당신이 이번 계약으로 대성공을 거둘 것이라고 너무 앞서나가지 않기를 바랍니다'라고 말했어요."

여러분과 나, 그리고 독서를 좋아하는 사람들은 이제 많은 사실을 알고 있다. 〈해리 포터〉 시리즈가 4억5천만 부 이상이 팔렸으며 그 숫자는 매일 늘고 있다. 전 세계의 사람들이 책을 읽었고, 해리 포터를 사랑한다(국제화물 운송회사에서 일하는 내 외삼촌은 해리 포터 현상을 최초로 접한 분이다. 운송 분야에 나타난 그 현상을 장황하게 말할 때 충격에 빠진 그분의 표정을 잊을 수가 없다. 엄청난 양의 시리즈를 배송하기 위해 회사는 배달경로와 시간표까지 바꿔야만 했다고 했다. 배달할 책 박스들이 산더미처럼 쌓였는데 회사 역사상 그렇게 많아 본 적이 없었다고! 출판사들, 독자들, 운송회사들, 부모들, 선생님들… 모든 사람에게 충격 그 자체였다!).

겁먹지 않으면… 이룰 수 있다!

베스트셀러 명작 소설 『앵무새 죽이기』의 작가인 하퍼 리는 어느 겨울날 밤, 뉴욕에 있는 자신의 아파트 창밖으로 원고를 집어 던졌다. 작품이 성공하지 못할 거라고 자신의 담당 편집자인 테이 호호프에게 말했다. 하지만 편집자는 그녀를 달래 원고를 다시 주워오게 하였고, 몇 번의 수정을 거친 후 작품을 완성하게 하였다. 그리고 그 책은 4천만 부 이상 팔렸다.

만일 롤링이 작가로서의 재능이 없어서 첫 번째 출판사와 계약을 못 한 것이라고 단정 지어버렸다면 어찌 되었을까? 아니면 최소한 두 번째의 실패에 그런 마음을 먹었다면? 만일 그녀가 이렇게 생각했다면?

그래. 작가는 내게 너무 과분한 꿈이야. 이제 그만 해리 포터를 장롱 속에 처박아 두거나 내 마음속에 묻어 둘 수밖에.

아마도 우리는 우리에게 책 읽기와 상상하기, 그리고 존재한 적 없는 새로운 세계를 믿고 받아들이는 즐거움을 준, 경이로운 소년 마법사를 잃었을지도 모른다.

때로 만점보다 부족한 점수가 더 강한 힘을 발휘할 때가 있다. 살면서 가장 하고 싶은 것을 첫 번째, 두 번째, 아니 열두 번째까지도 못 이룰 수 있다. 어쩌면 계속 실패할 수도 있다. 목표 자체가 불가능하거나, 어리석고 가치 없다는 지적을 받을 수도 있다. 여러분조차도 성공은 꿈도 꾸지 말자고 생각할 수 있다. 수학 선생님은 죽어도 웃어 주지 않는다! 국어 선생님은 아무리 잘 쓴 글을 제출해도 만점을 주지 않는다! 여러분이 정말 깊이 마음을 나눌 수 있는 친구를 찾는 것도 불가능할 것만 같다.

하지만 사실은 이 모든 것들을 이룰 수 있다. 가능성이 보이기까지 롤링처럼 열두 번, 혹은 그 이상 실패할 수도 있지만, 그것은 성공으로 가는 과정일 뿐이다.

롤링과 해리 포터의 세계에 관한 얘기를 끝내기 전에 흥미로운 점

작가 스티븐 킹은 자동차 트레일러에서 살면서 낮에는 교사로, 밤에는 작가의 꿈을 키우면서 살았다. 그는 소설 『캐리』를 완성했지만, 곧바로 쓰레기통에 버렸다. 하지만 아내의 생각은 달랐다. 원고를 쓰레기통에서 꺼냈고, 그 소설은 수억 부가 팔린 베스트셀러가 되었다.

한 가지만 더 말하고 싶다. 해리 포터의 대성공 이후에 롤링은 어른들을 위한 추리 소설을 한 편 썼다. 하지만 출판사들에 자신의 이름 대신에 로버트 갤브레이스라는 가명으로 보냈다. 그리고 그 소설은 보란 듯이 거절당했다! 롤링의 작품인 줄 알았다면 출판사들은 물론 받아들였을 것이다. 롤링의 실험은 우리에게 많은 것을 알려 준다. 위대한 성공 뒤에도 실패는 얼마든지 올 수 있다는 점이다. 인생은 여전히 실패의 위험들로 가득하다. 진정 중요한 것은 우리가 믿는 꿈을 움켜쥐는 것이다. 꿈을 위해 싸우고, 실현되는 날까지 몇 번의 실패라도 기꺼이 받아들이는 것이다.

오프라 윈프리 Oprah Winfrey

오프라 윈프리. 그 이름을 보는 순간 여러분은 즉각 성공의 대명사라 생각할 것이다. 그녀는 거의 모든 것을 이루었다. 최고 시청률의 황금시간대 TV 쇼? 베스트셀러 책들? 세계적인 지도력? 전 세계적인 교육과 자선활동? 세계에서 가장 크고 영향력 있는 북클럽? 할리우드에서의 역할? 그 모두를 다 이루었다.

하지만 윈프리가 태어날 때부터 그런 것은 아니었다. 오늘날 우리가 알고 있는 강하고, 용기 있고, 유명한 여성이 되는 과정에서 그녀는 학대와 배척, 실패와 비판을 견뎌왔다. 심지어 메릴랜드 주의 볼티모어에서 뉴스 진행자로서 주목을 받기 시작했을 때조차 무시와 배척, 그리고 잘못된 인간관계들을 견뎌야만 했다.

윈프리는 우정의 힘이야말로 가장 큰 성공이었다고 강조하면서, 최고의 친구인 게일 킹이 그 시절의 어려움을 극복하도록 어떻게 도와주었는지 말했다.

"그녀는 내가 좌천, 해고위협, 성추행, 그리고 이십 대의 일그러진 인간관계로 인해 고통받고 있을 때 견뎌내는 힘이 되어줬어요. 당시에 나는 자신을 실패자로 여겼습니다."

세상에서 가장 부유한 여성 미디어 스타가 인간관계에서 자신을 '실패자'라 여기고, 언제든 해고나 좌천될 수 있었던 걸 상상할 수 있겠는가!

　주간 TV 방송의 모든 기록을 갈아 치운 후에도 그녀는 또 다른 실패를 견뎌야 했다. 2013년 하버드 대학의 졸업식 연설에서 윈프리는 1년 전인 2012년 설립한 자신의 TV 방송망인 '오프라 윈프리 네트워크'에 관해 이야기했다. 유일한 문제는 그것이 주저앉기 직전이라는 사실이었다. 비평가들은 그녀를 가만 놔두지 않았고, 회사는 재정적으로도 좋지 않았다. 윈프리는 말했다.

　"내 경력에서 가장 힘들었던 시기였어요."

　결과적으로 그녀의 방송망은 위기를 극복하고 큰 성공을 거두었다. 하지만 실패는 언제든 마주칠 수 있다. 윈프리는 하버드 졸업생들, 그리고 우리에게 실패를 두려워하는 대신 끌어안고 앞으로 나아가라는 조언을 한 것이다.

3 캐서린 존슨
Katherine Johnson

걸을 땐 걸음 수를 셌고,
교회 들어갈 땐 계단 수를 셌고,
은 식기를 설거지할 땐 접시의 숫자를...
하여튼 모든 걸 셌어요.

📱 우주 경쟁이 시작됐던 1950년대의 미국, NASA(국립항공우주국)는 우주비행사를 지구궤도에 쏘아 올리고, 궁극적으로는 달 위를 걷게 하려는 목표를 갖고 있었다. 아프리카계 미국인인 존슨은 세 아이의 엄마로서 아무 어려움 없이 고등학교, 대학교, 대학원까지 졸업하고 손쉽게 NASA에 들어갔다. 그리고 곧 NASA의 모든 연구원과 관리자 들로부터 존경을 받았다. 뛰어난 수학적 재능을 마음껏 발휘한 그녀는 1961년 우주비행사 앨런 셰퍼드를 우주로 쏘아 올릴 때 우주선의 궤적을 계산했으며, 1962년 지구궤도에 있는 존 글렌을 위해 지구를 세 바퀴나 도는 궤적을 찾아낸 유일한 사람이었다. 그녀는 찬사와 감사를 한 몸에 받으면서, 이 역사적인 공로로 전국에서 유명인사가 되었다.

누가 삐 소리 좀 내줄래? 땡이야!

존슨은 우주여행에 있어 NASA의 운영방식을 혁명적으로 바꾼 아프리카계 미국인 여성이었다. 그리고 그녀는 1961년에 우주에 올라간 최초의 미국인이 된 셰퍼드의 궤적을 계산해냈다. 그리고… 이런, 벌써 눈치챘군. 모든 수학 공식을 동원해서 글렌이 우주 공간에서 지구를 온전히 세 바퀴 돌 수 있게 해주었다. 하지만 그녀가 실패나 차별 없이 이렇게 수학의 최고봉이 된 것은 아니었다. 여기에 남들이 모르는 이야기가 있다.

1918년, 존슨은 웨스트 버지니아 주의 화이트 서퍼 스프링스라는 작은 마을에서, 목재소에서 일하는 아버지와 교사인 어머니 사이에서 태어났다. 그녀에겐 세 명의 형제가 있었다. 그녀는 2학년부터 초등학교에 다니기 시작해서 따라잡아야 할 것이 많았다. 하지만 그녀는 똑똑했고 빠르게 월반을 계속해 열 살에 고등학생이 되었다.

존슨은 어려서부터 수학을 유달리 좋아했고, 숫자에 남다른 애착을 보였다. 그녀는 어린 시절을 이렇게 떠올렸다.

"난 모든 걸 셌어요. 걸을 땐 걸음 수를 셌고, 교회 들어갈 땐 계단 수를 셌고, 은 식기를 설거지할 땐 접시의 숫자를… 하여튼 모든 걸 셌어요."

수학에 대한 이러한 열정으로 존슨은 1937년에 수학 학사학위를 따며 웨스트 버지니아 주립대학을 졸업할 수 있었다. 열여덟 살의 나이에! 하지만 졸업을 해보니 다양한 경력을 쌓을 만한 기회가 여자에게는 거의 없었다. 수학 연구를 전문적으로 하는 여성 수학자가 미국을 통틀어 단 백 명밖에 없었다. 그녀는 불같은 열정으로 수학 연구를 계속하고 싶었지만, 그런 분야에서 실제로 일할 기회는 거의 없었다. 근본적으로, 1930년대의 미국 사회에서 여자들에겐 두 가지의 선

절망에서 정상으로!

과학자인 아이작 뉴턴은 농부가 될 예정이었다. 그의 어머니는 학교에서 그를 자퇴시키고 가족 농장을 맡기기로 했다. 하지만 농부로서는 최악이었다. 그녀는 현실을 인정하고 아들을 다시 학교로 보냈다. 이 중대한 결정으로 뉴턴은 공부를 다시 했고, 그때까지 우주의 법칙으로 여겨졌던 것을 뒤바꿔 버렸다.

택밖에 없었다. 교사가 되든가, 아니면 엄마가 되든가.

여러분 앞에 놓인 길이 장애물에 가로막힌 느낌을 받은 적이 있는가? 무엇인가에 강한 열정과 호기심을 가지고 있는데, 그것이 옳지도 않고 사회적으로 받아들여질 수가 없는 거라고 주변 사람들이 말릴 수도 있다. 여러분의 마음에서 불만 섞인 작은 목소리가 울린다. 정말 하고 싶은 일인데… 하지만 그 목소리는 밖으로 나오지 못한다. 그것이 너무 힘든 선택이고, 한 번도 성공한 적이 없으며, 사회적 규범과도 일치하지 않는다고 사람들이 몰아붙이기 때문이다. 1930년대의 미국 사회가 존슨에게 그렇게 강요했다.

캐서린 존슨

> 걸을 땐 걸음 수를 셌고, 교회 들어갈 땐 계단 수를 셌고, 은 식기를 설거지할 땐 접시의 숫자를… 하여튼 모든 걸 셌어요.

처음에 존슨은 엄마나 교사가 되라는 선택을 거부했다. 그리고 웨스트 버지니아 대학 최초의 아프리카계 미국인 대학원생이 되었다.

하지만 그녀는 대학원을 1년도 못 채우고 임신으로 자퇴를 해야만 했다. 그리고 남편인 제임스 고블과의 사이에서 두 자녀를 더 낳았다. 그때 그녀는 지역의 공립학교에서 수학을 가르치고 있었다. 그녀가 육아를 위해서 교단을 떠나야 했을 때, 말 그대로 젊은 여성들에게 강요된 사회적 규범을 따르는 것 같아 비참했다.

운명의 날이 오기 전까지는!

어느 날 존슨은 버지니아 주의 뉴포트뉴스에서 거행된 남편 여동생의 결혼식에 참석했다. 그곳에서 만난 친척 한 분이 국립항공자문위원회에서 정부 요원으로 일할 직원을 공채로 뽑고 있다는 소식을 알려 주었다. 그 기관이 바로 NASA의 시작이었다. 그날 밤, 그녀는 남편과 새로운 일을 찾아 이사하는 문제를 놓고 이야기를 나누었다. 세 명의 딸이 학교를 옮겨야 하고, 안정된 직장인 교사를 그만둬야 하고, 거기에 의지가 됐던 친지들과 고향을 떠나야 했다. 수천 킬로미터 떨어진 곳으로 이사하는 것은 두려운 일이었다. 그 공포와 위험, 그리고 불확실한 미래까지 모두 고려한 후에 존슨은 한 마디로 말했다.

"갑시다."

존슨이 대학원 수학과를 자퇴한 지 12년 만이었다. 12년! 그토록 원했던, 여러분에게 가장 중요한 꿈을 10년 이상 선반 위에 묵혀둔다고 상상해 보라. 여러분에겐 그 시간이 평생과 맞먹는 시간이다. 여러분은 너무 늦어서 할 수 없다고, 끝났다고 믿을지 모른다. 여러분은 빨리 시작하지 않으면 잘할 수 없다고 생각할 수도 있다. 종종 여러분의 부모님이나 선생님들이 그 말을 대놓고 할지도 모른다. 그럴 때 이렇게 한 마디로 응수해라.

"12년."

비록 존슨이 수학자가 될 수 있는 문을 여는 데 12년이 걸리긴 했지만, 결국은 그 문을 찾은 것이었다.

과감히 방향을 틀어라!

1992년 9월 12일, 메이 제미슨은 우주 공간으로 날아간 최초의 아프리카계 미국인이 되었다. 그녀가 NASA에 지원했을 때 이미 평화봉사단으로 일하고 있었고, 의학 박사학위도 갖고 있었다. 방향을 바꾸는 것은 실수가 아니라 더 큰 새로운 꿈을 위한 기회인 것이다! 그리고 그녀는 그것을 해냈다.

그리고 문을 열고 들어갔다.

하지만 국립항공자문위원회의 랭글리 기념항공연구소(현 랭글리 연구소)의 직원들은 그녀를 바로 받아들이지 않았다. 초기에 그녀는 손으로 숫자를 계산하는 역할만 했다(이 시절엔 계산기가 없었다). 이 기간에 똑같은 계산 작업을 하는 백인 여성들보다 더 적은 임금을 받았다. 그런데도 존슨이 워낙 뛰어났기 때문에 항공연구부로 자리를 옮기게 되었다. 그녀는 6개월 동안 부서의 남자 연구원들과 같은 시간, 같은 일, 같은 노력을 하고도 훨씬 적은 임금을 받았다. 또다시 그녀는 기다리고, 일하고, 그리고 믿어야만 했다.

그러나 존슨은 무한정 기다리지는 않았다. 그녀는 현 상황을 받아들이는 것을 거부하려고 했다. 그녀가 왜 연구원들의 편집회의에 자신이 참여할 수 없는지를 물었을 때 돌아온 대답은 이것이었다.

"여자는 회의에 참석할 수 없습니다."

여자는 회의에 참석할 수 없다고?!

누군가 여러분의 성별, 피부색, 종교, 머리 모양, 주거지, 가족의 주거지 등 잡다한 이유로 특정한 일을 할 수 없다는 말을 한 적이 있는가? 존슨은 이런 말을 들었지만 받아들이길 거부했다. 그녀는 계속 참여를 요구했다. 그녀는 물었다.

"여자가 참여하면 안 된다는 법적 근거가 있나요?"

물론 없었다. 하지만 연구원들은 계속 그녀를 막았다.

무엇이 그 상황을 뒤바꿨을까? 존슨은 몸에 밴 듯 쉼 없이 왜냐고 물었다. 사실 너무 자주 왜냐고 물었기 때문에 연구원들은 더는 되지도 않을 가짜 이유를 찾을 수 없었다. 그녀는 이미 수학에서 뛰어난 실력을 보여 주었고, 남자 연구원들의 주장이 틀렸음을 논리적으로 반박했다. 그녀는 자신의 흔들림 없는 의지를 보여 주었다.

"여자가 참여하면 안 된다는 법적 근거가 있나요?"

그녀는 계속 물었고, 법적 근거가 없음에도 남자 연구원들은 지속해서 그녀를 막았다.

하지만 결국 존슨은 항공연구부의 편집회의에 참석할 수 있게 되었다.

그 뒤에는, 그래! 존슨은 1961년에 셰퍼드를 우주로 쏘아 올릴 궤

굽히지 않는 용기를 가져라!

유인 화성 탐사가 불가능하다고, 실패할 수밖에 없다고 생각하는가? 세 살 때부터 화성에 간 최초의 인간이 되기로 결심한, 열여덟 살의 알리사 카슨 앞에서는 그 얘기를 하지 마라. 그녀는 3개 대륙에 있는 NASA 우주 캠프에 참여했고, 전 세계 14곳의 NASA 방문자센터를 모두 다녀왔다. 그리고 지금은 취소된 화성 이주 프로젝트인 '마스원'에도 참여했다.

적을 맞춰 냈다.

그 뒤에는, 그래! 존슨은 1962년에 글렌이 지구를 세 바퀴 돌 궤도를 찾아내기 위해, 상상을 초월할 만큼 복잡한 수학 공식을 찾아냈다.

그 뒤에는, 그래! 그래! 그래! 그녀는 NASA의 보고서에 이름을 올린 최초의 여성이 되었다. 그녀는 단독으로, 혹은 남자 연구원들과 공동명의로 25건의 보고서를 추가로 냈다. 그녀는 최초의 달 착륙을 위한 수학식을 계산하는 데 도움을 주었다. 그리고 97세이던 2015년, 미국 시민으로서 최고의 영예인 대통령 자유 훈장을 받았다.

존슨의 꿈은 숫자와 연구, 그리고 수학을 향한 무한한 열정과 사랑에서 시작되었다. 물론 단순한 계산은 아니었다. 그녀는 불평등한 사회의 거부와 실패에 가로막혔고, 꿈으로 향한 문을 못 열게 한 장애물들과도 부딪혔다. 이 모든 도전을 맞아 그녀는 사회가 정한 쉽고 빠른 길이 아니라 자신만의 길을 걸었다. 그리고 모두의 야만적인 예상을 깨고 꿈을 이뤘다. 꿈을 이루는 데는 얼마나 오래 걸리는지, 몇 번이나 넘어지는지, 도중에 만나는 장애물들이 몇 개냐에 달려 있는 것도 아니다. 그것은 간단한 질문 하나에 달려 있다. 쉬지 않고 전진하는가?

존슨은 그렇게 전진했다.

실패의 길목에서　　스티브 잡스 Steve Jobs

　　여러분의 부모님, 형제들, 또한 여러분이 아는 누군가는 애플의 설립자인 스티브 잡스에게 고마워할 것이다. 하지만 잡스가 IT 기기를 사랑하는 사람들 사이에서 항상 혁신의 아이콘이었던 것은 아니다. 그리고 애플이 최초로 개인용 컴퓨터를 만들어 팔았음에도, 회사가 항상 그의 편이지도 않았다. 사실 애플이 성장해서 큰 이익을 내기 시작하고 개인용 컴퓨터를 생산하고 판매할 다양한 방법을 개척한 후에, 회사의 이사회는 잡스가 스스로 세운 회사를 더는 이끌 수 없다고 판단했다.

　　그래서 그들은 잡스를 해고했다(땅! 땅! 당신은 여기 사람이 아니요!).

　　잡스는 IT 업계를 완전히 떠날 뻔했다고 말했다. 하지만 그는 다시 마음을 추스르고 재도전에 나섰다. 실패는 그의 대명사인 유행의 선도자가 되는 데 큰 도움이 되었다.

　　"그때는 몰랐어요. 하지만 나중에 돌아보니 애플에서 해고당한 것은 내게 일어났던 일 중의 최고였어요. 성공한 자의 무거운 책임감을 벗고 모든 게 불확실한, 새로 시작하는 자의 가벼움을 다시 얻은 겁니다. 거기서 얻은 자유로 나는 내 인생의 가장 창조적인 시기로 진입했습니다."

실패가 그를 자유롭게 하였다.

그 진정한 자유를 생각해보자. 실패는 실제로 여러분을 더 창조적으로 만든다. 여러분을 가두고 있는 틀을 벗어나 생각할 수 있다. 이보다 더 훌륭한 성공담이 어디 있겠는가?

"애플에서 해고당한 것은 내게 일어났던 일 중의 최고였어요."
……

독방 안에서 저는
자신의 인간성을 발견했어요.
그리고 독방에서 나올 땐
다른 사람이 되어 있었죠.

안전하고 부유한 집안에서 성장한 듀튼은 브로드웨이 연극과 영화, 그리고 TV 방송에서 큰 상을 받는 대배우의 꿈을 꾸었다. 그는 열심히 연습해서 이른 나이에 최고의 연극에서 주연급 배역을 맡는 배우가 되었다. 그는 아이비리그 연극학교로부터 입학 허가를 바로 받아서, 그곳에서 연기 공부를 계속하였다. 이후 영화와 연극, 그리고 TV 드라마에서 뛰어난 연기를 펼쳐 엄청난 성공을 거두었다.

조작된 얘기는 그만!

듀튼은 연극, 영화, 그리고 TV 드라마까지 세 가지 장르를 넘나들며 많은 상을 받은 배우다. 그렇다고 그가 연기 생활을 하면서 큰 실패 없이 쉽게 그 자리에 오른 것은 아니다.

1960년대 후반, 메릴랜드 주의 볼티모어에서 성장한 소년 듀튼은 남들과 자주 싸워서 돌머리라는 별명을 얻었다.

"어릴 때 돌싸움을 많이 했거든요. 내 패거리는 길의 한쪽에 일렬로 서고, 다른 패거리는 반대편에 서서 돌을 던지죠. 나는 항상 맨 앞에서 무리를 이끌었지요. 두 달에 한 번씩은 머리가 깨졌고요. 그러다 보니 친구들은 날 돌머리라고 부르기 시작했습니다."

시간이 흐르는 동안 듀튼은 볼티모어 길거리의 우상이 되기 위해서 싸움을 계속하였고, 사람들은 그를 그냥 돌맹이라 부르기 시작했다. 그 당시 그에게 제일 중요한 것은 사나움, 폭력, 그리고 의리였다. 그 점은 그가 젊은 시절 훨씬 큰 싸움에 말려들었을 때 잘 드러났다.

어릴 때 돌싸움을 많이 했거든요.
내 패거리는 길의 한쪽에 일렬로 서고,
다른 패거리는 반대편에 서서 돌을 던지죠.
나는 항상 맨 앞에서 무리를 이끌었지요.
두 달에 한 번씩은 머리가 깨졌고요.
그러다 보니 친구들은 날 돌머리라고
부르기 시작했습니다.

찰스 듀튼

1967년, 듀튼은 자신을 향해 칼을 빼 든 남자와 싸우게 되었다. 걷잡을 수 없이 치달은 싸움이 끝났을 때, 남자는 죽어 있었다. 듀튼은 살인죄로 메릴랜드 주립교도소에서 5년 형을 선고받았다. 그는 감옥에서 자신을 지키기 위해 계속 폭력을 썼고, 감옥 내 폭동을 선동한 죄목이 더해져 형량이 더 늘었다.

그렇게 듀튼은 9년을 감옥에서 보냈다.

9년!

여러분은 자신의 실패가 너무 커서 그 실패로부터 헤어 나오지 못하거나, 자신이 저지른 일 때문에 어떤 일도 이루지 못할 거라는 느낌을 받은 적이 있는가? 이제야 깨달았겠지만, 여러분은 그때 잘못된 선택을 한 것이었다. 그 선택은 여러분 자신과 다른 사람들에게까지 고통을 안겨주었을 것이다. 여러분은 아마도 자신이 저지른 실수로 인해 평생 죄책감을 느낄 것이다. 최악은, 여러분이 태어난 것 자체가 실수라고 생각하는 것이다.

듀튼의 삶은 여러분에게 다르게 이야기한다. 한 번 행한 일로, 혹은 단 한 번의 실수로 여러분의 인생을 단정 짓지 말라는 것이다. 크건 작건 여러분은 그 실패를 넘어설 수 있다. 그러한 경험에서 배움을 얻은 만큼 여러분은 변할 수 있다. 그리고 세상은 여러분의 재능과 능력이 필요하다. 세상은 여러분이 한 번의 잘못된 선택 때문에 인생을 포기하지 않길 바란다. 오히려 지금 여러분이 잘할 수 있는 것을 최선을 다해 찾아보기 바란다.

그것이 듀튼이 선택한 길이다. 그것도 정말 어울리지 않는 장소인 감옥 안에서. 그는 독방에 들어가기도 했었다. 가로 1.5미터, 세로 2.1미터의 독방에서 사람들로부터 완벽히 격리돼 있었다. 교도관이 그의 팔을 잡고 독방으로 데려가기 전에, 그는 원래 자신의 방 선반에서 한 권의 책을 집었다. 그는 독방 창틈으로 갈라져 들어오는 햇빛에 의지해 조금이라도 책을 읽을 수 있으리라 생각했다.

한 권의 책을 집어 든 그 행위가 그의 삶을 변화시켰다. 진정 그의 삶을 구했다. 무슨 책이었을까? 아프리카계 미국인 작가들이 쓴 희곡을 모은 책이었다.

실패, 다음엔 성공!

말콤 리틀은 복역하는 동안 사전 한 권을 통째로 필사한 후 이슬람교도가 되었다. 후에 그는 시민권 운동의 핵심적인 인물로 부상했고, 오늘날 우리는 그를 말콤 X로 부르며 존경을 표한다.

듀튼은 그 책에 깃든 언어의 힘과 아름다움에 곧바로 사로잡혔다.

"독방 안에서 저는 자신의 인간성을 발견했어요. 그리고 독방에서 나올 땐 다른 사람이 되어 있었죠."

책에서 뻗어 나온 극본의 힘이 듀튼의 가슴과 머리를 깨웠고, 영원히 그를 변화시켰다.

독방 수감을 다 끝냈을 때 그의 마음은 연극에 대한 새로운 열정으로 가득했다. 그는 간수들과 교도소장을 설득해서 연극을 무대에서 상연하는 것을 허락받았다. 그는 자신의 배역을 준비했고, 많은 죄수는 그가 준비한 더글러스 터너 워드 원작의 연극 〈부재의 날〉을 관람하기 위해 모여들었다. 상상 속 인물의 대사를 읊는 동안 듀튼은 실패자가 아닌 진정한 자신을 볼 수 있었다. 그는 불한당과 범죄자라는 낙인을 떨쳐낼 수 있었다. 그는 다음과 같이 회고했다.

"저는 무대 위에서 제 대사를 읊고 있었죠. 관객석을 보았더니 모두 몰입해 있더군요! 무엇에도 몰입해본 적이 없던 친구들이었는데, 제가 그들을 한 데 묶은 셈이었죠. 그리고 이상한 느낌이 저를 덮쳤습니다. 순간, 내가 지구에서 할 일이 무엇인지 깨달았어요."

과거의 잘못에 젖어서 자신을 영원히 자책하는 대신에, 듀튼은 팔을 뻗어 현재의 새로운 가능성을 부여잡은 것이다. 그는 자신의 대사를 강하고도 침착하게 읊었으며, 자신 안에 있는 아름다움과 고귀함을 발견했다.

듀튼은 온갖 노력을 기울여 연기훈련을 했다. 그는 배우가 되기 위해 열심히 노력했고, 1976년 가석방으로 감옥에서 나왔을 때 대학으로 돌아갔다. 그리고 그는 명망 높은 예일 연극학교의 입학 허가를 받았다. 듀튼은 연기할 때 강력하고도 진정성 있는 감정을 전달하기 위해 자신의 과거를 소환했고, 그로 인해 브로드웨이에 진출하여 어거스트 윌슨의 〈피아노 레슨〉과 같은 작품에 출연하였다. 후에 그는 〈에이리언 3〉, 〈페임〉 같은 할리우드의 흥행작에 주연급으로 출연하였으며, 〈돌멩이〉란 제목의 자신의 TV 시트콤까지 갖게 되었다. 그 제목은 듀튼 자신의 삶에서 따온 것이었다.

찰스 듀튼

> 독방 안에서 저는 자신의 인간성을 발견했어요. 그리고 독방에서 나올 땐 다른 사람이 되어 있었죠.

비록 듀튼이 젊은 날 많은 실수를 저질렀지만, 그는 그 실수들이 자신의 남은 생을 지배하도록 놔두지 않았다. 그는 이야기의 힘으로 자신을 깨워 무언가 될 수 있게 하였으며, 열정을 갖고 배우가 되겠다는 새로운 꿈을 좇았다. 후에 자신의 자전적 모노드라마의 제목이 되기도 하는 〈감옥에서 예일로〉 가는 길은 평탄치 않았다. 하지만 듀튼은 계속 전진했고, 과거의 실수가 자신을 규정하는 것을 거부했고, 또한 태어난 것 자체가 실수라고 믿기를 거부했다.

회복하고 다시 일어나라!

변호사 브라이언 스티븐슨은 여러 재판에서 패배하고, 부패와 불평등으로 가득 찬 형사사법제도에 맞서고 있었다. 그런 어려운 상황에서도 자신의 공정법안발의회를 통해 많은 사형수의 무죄를 밝히는 데 성공했다. 의뢰인들의 무죄를 입증할 새로운 증거들을 제출함으로써 그들의 목숨을 살린 것이다.

듀튼은 재능이 있고, 성실하며, 상들을 거머쥔 배우지만, 그 성공은 완벽한 길을 따름으로써 얻어진 것이 아니다. 여러분의 길도 역시 실패들로 무너졌을 수도 있다. 그래서 여러분은 영원히 의미 있는 성공은 하지 못할 거라고 의심할 수도 있다. 하지만 믿어도 좋다. 여러분을. 여러분의 실수가 여러분을 파괴할 수는 없다. 실수로부터 배워라. 실수를 딛고 성장하라. 더 큰 열정과 더 위대한 목표를 좇아라.

과거에 있었던 아무리 큰 돌싸움이라 하더라도 여러분의 이름을 부르는 무대에 비하면 별것 아니다.

5 빈센트 반 고흐
Vincent Van Gogh

나는 아직도
예술과 삶을
미치도록 사랑한다.

고흐는 세계적으로 유명한 〈별이 빛나는 밤〉을 그렸다. 그는 자신이 미술계에 발을 들였을 때 엄청나게 유명해질 것을 이미 알고 있었다. 여러분도 짐작했을 것이다. 그는 자라면서 매일 잠시도 쉬지 않고 그림을 그렸다. 책을 읽으면서도 그렸고, 밥 먹는 중에도, 숙제하는 중에도, 개를 산책시키면서도… 심지어 그는 그림을 그리는 중에도 그렸다(그 그림이 무엇인지 맞춰 봐!). 당연히 그림을 다 그리고 나면 그는 기진맥진해졌다. 사람들은 그의 천재적인 작품을 한눈에 알아보고는 비싼 돈을 들여 모든 작품을 샀다(유-후! 고흐는 평생 휴가를 가도 되겠네!). 심지어 그의 사후 거의 백 년 뒤인 1987년 경매에서, 고흐의 작품 중 하나인 〈붓꽃〉이 약 620억 원이라는 사상 최고가를 기록했다!

물론 고흐는 그런 일이 일어나리라는 걸 확실히 알고 있었다. 자신의 작품에 대한 자부심이 워낙 커서 그런 일이 일어날 것을 예상했었다.

"알겠어? 장담하는데, 내가 죽고 나서 언젠가, 내 작품 중의 하나가 천문학적인 가격에 팔릴 거야."

슬프지만… 틀렸어.

비록 고흐의 〈붓꽃〉이 1987년에 약 620억 원으로 세계에서 가장 비싸게 팔린 그림이 되었지만, 그는 절대 저 말을 한 적이 없다. 그 비슷한 말도 한 적이 없다. 지금은 고흐의 영향이 안 미치는 곳이 없다. 모든 교실을 둘러보라. 장담컨대 벽에 걸린 그림 중 하나는 고흐의 복사본이다(전체가 고흐의 그림일 수도 있다!). 인터넷 검색창에 '최고의 화가들'이라 쳐보라. 그럼 그 이름 중에 고흐가 나올 것이다. 그는 모든 곳에 있고, 작품의 영향력(영감, 해설, 찬사)은 백 년이 넘도록 울

실패, 다음엔 성공!

아리아나 허핑턴의 책은 36개의 출판사에서 거절당했고, 캘리포니아 주지사에 입후보했을 때는 1퍼센트도 안 되는 표를 받았다. 하지만 그녀는 멈추지 않고 자신의 길을 고집한 끝에 세계 최고 인터넷 언론인 《허핑턴 포스트》를 탄생시켰다.

려 퍼지고 있다.

불행하게도 고흐는 그 모든 성공을 살아서는 보지 못했다. 그는 인정을 받기 시작할 즈음인 1890년에 사망했지만, 1900년대 초까지도 그리 유명하지는 못했다.

고흐는 화가가 되기를 원치 않았다. 오히려 자신은 재능이 없어서 화가로서는 실패할 거라 믿었다. 실제로 그가 했던 다른 모든 일에서 실패하기 전까지 화가가 된다는 생각조차 하지 않았다. 전 생애에 걸쳐 우울증이 그를 뒤덮었고, 그것이 결국엔 전도유망한 화가 인생뿐 아니라 목숨까지도 앗아갔다. 그렇다 하더라도 그의 삶에서 여전히 배울 것이 많다.

1853년, 고흐는 네덜란드의 작은 마을 준데르트에서 태어났다. 어릴 적엔 미술과 그림에 흥미를 보였지만, 청년이 되어서는 미술품 판매상이 되기를 원했다. 그림을 그리기보다는 남의 작품을 사고팔면서 돈을 벌길 원했다. 그는 몇 년간의 시도 후 실패를 맛보고 마음을 바꿔 학교 선생님이 되기로 했다. 그래서 1873년, 그는 영국으로 건너가 보조교사 일을 했다. 첫 번째로 시도했던 일이 신통치 않자 두 번째 일로 보조교사를 선택한 것인데, 그 결과 역시 좋지 않았다.

1876년엔 네덜란드로 돌아가 종교시설에서 일하기로 했다. 그는 신학을 공부했지만, 입에 풀칠이라도 하기 위해서 서점의 점원이 되었다. 그 일도 신통치 않자 1877년에 다시 거처를 옮겼다. 이번엔 암스테르담으로 가서 목회자가 되기 위해 노력했다. 불행히도 그 역시 제대로 풀리지 않아 그 꿈 또한 접었다.

고흐는 이 직업, 저 직업을 거치며 숱한 일을 해보았지만, 어디서도 성공하지 못했다. 그는 희망을 품고 매달릴 만한 일을 찾을 수가 없었다. 결국 마지막으로 기댄 것은 궁극적으로 자신을 유명하게 해 준 그림을 그리는 일이었다.

고흐가 화가가 되기로 한 것은 유명해지거나 떼돈을 벌기 위함이 아니었다. 그를 실제로 자극한 것은 훨씬 더 자비로운 이유였다. 밭에서 일하는 가난한 농부들과 그들의 투박한 손들을 보면서 마음을 정했다. 목사가 되는 것보다 그들의 삶을 그려내는 것이 훨씬 더 의미 있는 일이라 믿게 되었다.

고흐는 가난한 농부들의 삶을 그리기 시작했다. 매일 안고 갈 수밖에 없는 고통과 슬픔으로 얼룩진 그들의 얼굴을, 그리고 화창한 하늘과 칙칙한 희망도 묘사했다. 이 시점에서 우리는 그가 화가로서 이제 안정을 찾지 않았을까 하고 생각하고픈 유혹을 느낀다. 드디어 마지막 직업을 찾지 않았나? 일종의 큰 성공을 거두었고, 수년 동안 그토록 찾아 헤매던 꿈의 직업을 찾은 것 아닌가?

그렇지 않았다. 고흐의 상황은 더 나아지지 않았고 그저 실패의 연속이었다. 그의 그림들은 인정을 받지 못했고, 돈이 되지도 못했다. 또한 가난한 자들의 고난을 묘사한 그림을 통해 사람들을 계몽하려던 목표 또한 이루어지지 않았다. 그것으로 끝이 아니었다. 그는 진지한 예술가로서 받아들여지는 데도 실패했을 뿐 아니라, 사랑에도 실패했다.

혹시 여러분에게 털끝만큼의 감정도 없는 사람을 미치도록 사랑해 본 적이 있는가? 여러분이 몰래 상상 속에서 짝사랑하고 있는 사람과 학교의 긴 복도를 서로 손을 잡고 걷는다든가, 메시지를 주고받거나, 혹은 영화의 한 장면처럼 느린 동작으로 키스를 날린 적은 없는가? 여러분이 그 특별한 사람을 볼 때마다 심장은 학교 축제에서 울려 퍼지는 베이스 선율처럼 쿵쿵대겠지? 그리고 손바닥과 겨드랑이엔 순식간에 너무 땀이 차서 몸에서 비가 쏟아지는 게 아닐까 하는 생각이 들기도 하지?

1881년의 고흐가 그랬다. 그가 그토록 사랑에 빠진 여자는 키 보스였다. 그녀는 네 살짜리 아들을 둔 과부였다. 고흐는 그 가족을 열심히 돌보는 것으로 그의 사랑을 보여 주었고, 그녀도 자신에게 같은 감정을 느끼길 바랐다. 그녀는 어땠을까?

전혀. 맹세컨대 눈곱만큼도.

그녀는 그에게 어떤 사랑의 감정도 보이질 않았다. 그 시점에서 고흐는 자신의 실패 역사에 로맨스라는 항목을 하나 더 추가할 수도 있었다. 간절히 바란 사랑을 얻지 못해서 가슴이 찢어지고 황폐해졌지만, 고흐는 그 슬픔을 딛고 직업적 화가로서의 자신의 길을 묵묵히 걸었다.

만일 여러분이 아무리 노력해도 일이 뜻대로 풀리지 않는다고 느낀 적이 있다면, 고흐가 독자인 여러분에게 이렇게 말할 것이다.

"가던 길을 계속 가게. 포기하지 말고. 내일은 오늘보다 나을 거야."

바로 그 마음가짐으로, 고흐는 많은 화가를 만나서 영감과 자극을 받고 싶어 1886년에 파리로 갔다.

하지만 그것도 소용없었다.

그래서 2년 뒤인 1888년, 그는 좀 더 영감이 솟을 곳을 찾아 남프 랑스의 작은 마을 아를로 거처를 옮겼다. 그리고 그곳에서, 역시 유명한 화가가 되는 고갱과 한집에 살며 우정을 쌓았다. 새로이 만난 친구와 함께 지내면서 모든 일이 잘 풀렸을까?

그럴 리가 없다.

몇 달 후 고갱과의 우정에 금이 가자 고흐는 심각한 우울증에 빠져서 급기야 자신의 한쪽 귀를 자르기까지 했다. 그리고는 병원 생활을

겁먹지 않으면… 이룰 수 있다!

할레드 호세이니는 베스트셀러 작가지만 본업은 의사이다. 그는 아침 일찍 일어나 출근 전에 자신의 첫 소설인 『연을 쫓는 아이들』을 집필했다. 책을 내 주겠다는 곳은 없었지만, 자신이 잘 알고 있는 분야와 너무도 다른 꿈에 도전하는 위험을 감수했다. 그리고 성공했다. 현재 그는 세 편의 문학상을 받은 작가가 되었으며, 그중 최근작은 2013년에 출판된 『그리고 산이 울렸다』이다.

자청했다. 다음 해인 1889년, 마을 사람들은 그가 미친 사람이라며 경찰에게 추방해달라고 청원했다. 서명된 청원서를 지참한 경찰은 고흐에게 정신병원의 도움을 받을 것을 강요했고, 결국 그는 프로방스 지방의 상트 레미에 있는 '상트 폴 정신병원'에 스스로 입원하였다.

하지만 그런 상황에서도 그림을 향한 그의 열망은 꺾이지 않았다. 그림 도구와 영감을 계속 찾아낸 그는 그곳에서 오늘날 상트 레미 시리즈로 알려진 〈별이 빛나는 밤〉과 같은 걸작을 남겼다.

1890년에 고흐는 남프랑스의 다른 마을로 옮겼지만, 여전히 극심한 우울증에서 빠져나오지 못하고 있었다. 그런데도 열정적으로 그림을 그리고 편지를 썼다. 비록 아무도 알아주지 않았지만, 자신의 내부에 있는 것을 표현하지 않을 수 없었다. 영혼을 담아 그린 그림들 외에도 3,800쪽이 넘는 편지를 썼는데, 그 안에는 고난과 희망, 고통… 소용돌이 같은 삶의 여정이 담겨 있다(후에 자신이 세상에서 가장 추앙받는 화가 중 하나가 된다는 사실을 그가 알았다면 뭐라고 말했을지 정말 궁금하다).

고흐가 실패에 묻혀서 살았고 삶도 문제투성이였지만, 그는 최악의 상황에서도 그리고자 하는 욕망의 끈을 놓지 않았다. 죽기 직전에 동생에게 쓴 편지에 고흐는 가슴 저미는 말을 남겼다.

"나는 아직도 예술과 삶을 미치도록 사랑한다."

놀랍지 않은가! 죽도록 실패하고, 거부당하고, 우울한데도 불구하고, 이렇게 말할 수 있는 인간의 심장이 얼마나 강할지 상상이 가는가?

고흐의 놀라운 성공이자 유산은 이것이다. 그는 팔리지 않아도 끊임없이 그렸다. 꼭 사랑받지 못해도 끊임없이 사랑을 간절히 바랐다. 알아주는 사람이 없어도 자신의 작품에 끊임없는 신뢰를 보냈다. 그에 이어진 결과는? 이제 전 세계가 고흐의 작품에 녹아 있는 감성과 아픔, 그리고 재능을 진정한 천재의 징표로 여기게 된 것이다.

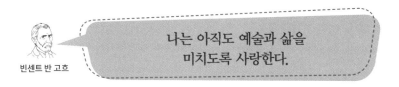

빈센트 반 고흐

나는 아직도 예술과 삶을
미치도록 사랑한다.

어떤 시련을 마주할지라도, 또한 그 시련이 얼마나 어렵고 오래 갈지라도, 공책 한 장을 뜯어서 계속 창작하라. 지금 당장 꼭 남이 인정해 주지 않아도 좋다. 계속 보여 줘라. 여러분이 믿는 진실과 여러분의 마음을 빼앗은 것에 집중해라. 굉장한 것을 놓쳤다고 사람들이 깨달을 때까지 시간은 걸릴 것이다. 아마도 여러분이 살면서 만난 사람들은 여러분이 얼마나 굉장한지 몰랐을 것이다. 하지만 실망하지 말고 여러분의 팬을 계속 찾아라. 계속 친구를 찾아라. 여러분의 느낌을 사람들에게 말하고, 여러분이 믿는 것과 할 수 있는 것을 알려 줘라. 누군가 눈을 크게 뜨고 여러분을 주목하게 되는 건 시간문제이다. 그 후엔 어떤 일이 벌어지게 될지 누가 알겠는가?

6 제임스 다이슨
James Dyson

여러분이 머릿속에서
지워 버려야 할 것은, 첫 번째로
기술공학적인 신제품을 내려면
공학을 전공해야 한다는
인식입니다.

📱 다이슨은 세상에 자신의 흔적을 남기고 싶었다. 그는 어떻게 하면 정확히 그 일을 완수할 수 있는지 생각해보았다. 자신이 기계를 좋아하고, 발명과 공학, 그리고 창조적인 생각에 능한 것을 알고 있었다. 그는 이 모든 열망을 모아서 새로운 진공청소기를 만들기로 했다. 하지만 단순한 진공청소기가 아니었다. 그것은 기존의 모든 진공청소기를 작은 빨대 수준으로 보이게 할 만한 것이었다.

그리고 그는 그것을 만들었다. 실제로 해냈다! 그는 아침 9시 7분에 일을 시작했다. 개괄적인 그림을 그리고 설계도면도 만들기 시작했다. 9시 46분쯤, 그는 평소에 즐기던 베이컨과 달걀이 든 샌드위치를 마음껏 먹었다. 10시 5분, 그는 다시 설계도로 돌아와서 3분 만에 도면을 완성했다. 그리곤 11시 1분까지 진공청소기의 완벽한 모델을 완성했으며, 9분 뒤에는 개발업자들에게 그 아이디어를 팔았다. 그들은 다시 판매자들에게 그 아이디어를 11시 54분까지 팔았으며, 정오쯤엔 새로운 진공청소기를 갈망하던 소비자들의 손에 들어갔다.

그날 저녁엔? 이미 사상 최고의 베스트셀러 진공청소기가 되어 있었다. 이 성공을 기념하며 다이슨은 또다시 베이컨과 달걀이 든 샌드위치를 마음껏 차려 먹었다.

웃기는 소리(아, 다이슨이 베이컨 달걀 샌드위치를 좋아할 수는 있다. 그것도 직접 물어봐야 알겠지만…).

여기 진짜 이야기가 있지. 나와 아내 사이엔 세 명의 아이가 있는데….

알았어, 알았다고. 내 얘기가 그렇게 재미없단 말이지? 내가 왜 이

번 장을 지지리 재미없는 이야기(사실임에도!)로 시작했는지 궁금해?
여러분은 이렇게 생각하겠지.

'아저씨, 애 있는 사람들은 세상에 넘쳐나요. 그게 뭐가 대단해
요?!'

기다려봐. 다른 이야기가 있다고!

자, 우리 부부와 세 아이가 세를 얻어 살고 있는데, 어느 날 저녁에
집주인이 찾아와서는 여유분의 진공청소기를 집안에 두고 싶다는 거
야. 우리는 세를 내서 살고 있으니 우리 집이 곧 집주인의 집이잖아.
그래서 "그러시죠."라고 대답했지.

'저기, 아저씨! 이야기가 다른 데로 빠지는데요!? 혹시 정말 지루한
이야기를 해서, 정말 지루한 것도 역시 성공의 일부분이라는 걸 알려
주려는 생각인가요? 그게 아저씨의 큰 그림인가요?!'

아니라고. 훨씬 더 많은 이야기가 있다니까!

우리 집주인이 멋진, 밝은 보라색의 진공청소기를 꺼냈지. 그랬더니
우리 애들은 즉각 그걸 갖고 놀기 시작했어. 색깔이나 모양이 아주
키 큰 장난감처럼 생겼잖아. 그때 집주인이 전에도 여러 번 했던 불후
의 대사를 날렸어.

"그거 다이슨이에요."

이래도 내 얘기가 재미없어? 하지만 곧 감동하게 될 거야. 약속하지!

잘 봐, 1978년엔 사람들에게 팔리던 모든 진공청소기는 안에 봉투

가 들어 있었어. 그런데 그 봉투가 먼지로 가득 차면 진공청소기의 흡입력이 약해져. 그 말은 여러분이 카펫 위를 한참 왕복해야 한다는 거지. 그래서 그 상태로는 먼지든, 머리카락이든, 팝콘이든, 아무것도 빨아들이지 못해. 어느 날 다이슨이라는 영국 친구가 집에서 봉투가 들어간 진공청소기를 돌리던 중에 그 일이 발생했어. 흡입을 못 하게 된 거지. 그는 분통이 터져서 고래고래 소리를 질렀지.

"으아아아아!!! 왜 멈춘 거야, 이 병신 같은 진공청소기야!!!"

알았어, 다이슨이 그렇게 고함을 치진 않았겠지(그랬을 수도 있다고? 이봐, 나는 그 자리에 없었어. 그땐 태어나지도 않았다고!). 하지만 그가 진공청소기의 기능이 멈춘 것에 엄청 짜증이 난 것은 맞아. 그리고 그 짜증은 그에게 절대 멈추지 않는 진공청소기를 상상하게 했지.

혹시 살면서 남들처럼 따라 했는데 좌절해본 적 있는가? 여러분은 멈춰 서서 이렇게 외칠 것이다.

"왜 내 생각대로 안 되는 거야?!"

회복하고 다시 일어나라!

잉크젯 프린터는 실수로 태어났다! 캐논의 직원 하나가 실수로 달궈진 철을 펜 위에 떨어뜨렸는데, 그 열기로 인해 펜에서 잉크가 뿜어져 나오는 것을 보게 되었다. 열을 이용해 종이 위에 잉크를 분사하는 기술은 결국 잉크젯 프린터로 결실을 보았다. 이제 잉크젯 프린터는 없는 곳이 없다. 여러분 집은 물론이고 여러분의 학교에도.

만약 그렇다면 여러분 앞에 있는 그 문제에 집중해 보라. 그리고 여러분이 생각하는 방식 그대로 만들어 낼 기회를 잡아라. 사상 최고의 발명품 중 일부는 좌절과 의혹의 순간에서 탄생하였다.

1978년, 다이슨은 봉투가 들어간 진공청소기를 쓰다가 좌절했다. 그는 이후 14년 동안 모든 먼지, 개털, 팝콘 알갱이 등을 막힘없이 빨아들일 수 있는 진공청소기를 발명하기 위해 노력했다. 시장을 살피고 판매까지 고민해야만 했다. 어떻게 했을까? 맞다, 여러분이 예측한 그대로다! 그는 자신의 작업장으로 들어갔고, 이루 헤아릴 수 없을 만한 실패의 서막을 열었다.

실제로 초기 5년 동안 다이슨은 폭풍처럼 아이디어를 짜내고 그림으로 그려 가면서, 그가 꿈꿨던 진공청소기의 시제품을 5천 개 넘게 만들었다. 5년 동안 5천 개가 넘는 시제품을! 머릿속에 떠오른 생각이 곧바로 제품이 되지 못한 것은 확실하다. 그 시행착오의 기간에 만든 시제품들은 성공한 부분보다 실패한 부분이 훨씬 많았다. 하지만 각각의 시제품들은 그가 최종적으로 시장에 내놓을 완성도에 가까워지고 있었다.

그가 완성한 작품은 어땠을까? 원심력을 이용한 진공청소기였다. 밖에서도 훤히 보이는 별도의 통 안에 빨려 들어온 먼지가 원심력에 의해 소용돌이치며 쌓였다. 봉투는 필요 없었고, 통이 가득 차도 흡입력은 줄어들지 않았다. 통이 가득 차면 통을 비운 뒤에 다시 청소하면 그만이었다.

예에! 성공!

레이더 장비를 개발하던 중, 퍼시 스펜서는 자신이 만든 장치가 주머니 속의 초콜릿을 녹이는 걸 깨달았다. 그는 그런 일이 왜 일어나는지 조사했고, 많은 시행착오 끝에 최초의 전자레인지를 발명했다.

글쎄… 반은 맞고 반은 틀렸다. 다이슨은 자신이 원하던 청소기를 만드는 데 성공했지만, 아무도 그게 대단하다고 생각하지 않았다. 모든 판매회사가 분명한 거절 의사를 밝혔는데, 제품이 매력적이지 않다는 게 이유였다. 카펫에서 빨아들인 온갖 더러운 것들이 투명한 통 안에서 소용돌이치는 게 빤히 보이는 진공청소기를 누가 사려고 하겠는가? 또한 다이슨의 정교한 기술로 인해 시장에 판매되는 진공청소기보다 훨씬 비쌌으므로 더욱 매력이 떨어졌다. 한 마디로, 크고 작은 모든 판매상이 거절한 것이다.

"다이슨, 이 친구야! 원리는 훌륭해. 하지만 이 제품이 팔릴 일은 없을 걸세! 사람들은 쳐다보지도 않을 거야. 미안하네, 친구"

물론 판매상들이 그렇게 말했을 리는 없다. 하지만 다이슨처럼 쓴맛을 본 사람들은 많을 것이다. 그는 자서전에 당시 자주 들었던 말을 옮겨놓았다.

"하지만 제임스, 만일 더 나은 진공청소기가 가능하다면 후버가 벌써 만들어 냈을 겁니다."

기존에 오랫동안 해오던 일을 여러분이 전혀 새로운 방식으로 하려

할 때, 사람들은 여러분이 아니라 '전문가'에게 맡기라고 할 것이다.

"그들이 하게 돼!"

그러면 여러분도 신제품을 개발할 만큼 똑똑하지 못하니 새로운 업적을 남기는 건 불가능하다고 생각할지도 모른다. 이 대목에서 다이슨은 한마디 한다.

"여러분이 머릿속에서 지워 버려야 될 첫 번째는, 기술공학적인 신제품을 내려면 공학을 전공해야 한다는 인식입니다."

여러분이 혁신을 이루는 데 학위라든가 특정 자격증 따위는 필요가 없다. 여러분에게 필요한 것은 아이디어와 집념뿐이다. 다이슨은 비관론자들의 말을 무시하고 자신의 우수한 발명품을 믿었다. 유일한 문제는 판매상들이 그것을 팔려고 하지 않는다는 것이었다.

> 여러분이 머릿속에서 지워 버려야 될
> 첫 번째는, 기술공학적인 신제품을 내려면
> 공학을 전공해야 한다는 인식입니다.

제임스 다이슨

드디어 1991년, 그가 '지포스'라 이름 붙인 진공청소기를 일본에 수출했는데, 그곳에서 찬사와 함께 높은 판매량을 올렸다. 그것을 시작으로 다이슨의 진공청소기는 서서히 시장을 넓혀 나갔고, 결국은 영국에서도 꽤 높은 판매기록을 세웠다. 2002년, 대형 유통업체인 '베스트 바이'에서 다이슨의 진공청소기를 팔기로 했다. 베스트 바이에서 팔린 다이슨의 진공청소기는 애초의 예상보다 열 배나 많은 양이었다. 이 충격적인 성공을 시작으로 '타겟', '시어스', '베드 배스 앤 비욘드' 등 다른 대형 유통업체들과의 계약이 줄을 이었다.

오늘날 다이슨의 진공청소기는 전 세계 진공청소기 시장의 25퍼센트(2019년 기준)를 장악하고 있다. 그렇다. 기술적으로 옳다는 인정을 받기 위해 5년 동안 5천 개가 넘는 시제품을 만들며 시행착오를 거친 그 진공청소기가, 봉투가 들어간 기존의 진공청소기보다 훨씬 비싼 그 진공청소기가 세계시장의 4분의 1을 점령한 것이다.

만일 다이슨이 그대로 포기했다면 어찌 되었을까? 세상엔 '얼마든지 훌륭한' 진공청소기가 넘쳐난다는 주변 사람들의 말을 믿었다면 어찌 되었을까? 다이슨이 자신에 대한 믿음을 잃고, '어이, 친구. 후버의 업적을 망칠 셈인가?'라고 생각했다면 어찌 되었을까?

여러분이 똑같은 말을 듣게 된다면 어떻겠는가? 여러분이 기술과 발명을 좋아하지만, 꼭 새로운 물건이 발명될 필요는 없다고 생각할지 모른다. 글쓰기를 좋아하지만 좋은 소설들은 이미 세상에 다 나와 있다고 생각할지 모른다. 혹은 운동을 너무 좋아하는데, 다른 아이가 여러분과 같은 포지션에서 더 잘하기 때문에 열심히 노력해 봤자 소용없다고 생각할지 모른다.

단지 경쟁자가 있다는 이유만으로 여러분이 최선을 다하지 않는다는 것은 말도 안 된다! 여러분은 전혀 새로운 것을 발명할 수도 있고, 아주 오래된 것을 새롭게 바꿀 수도 있다. 여러분은 완전히 새로운 종류의 소설을 쓸 수도 있고, 옛 소설을 완전히 새롭게 각색할 수도 있다. 여러분은 운동을 잘하는 그 아이와 동등하게 경쟁할 수도 있고, 아니면 그 아이가 맡을 수 없는 포지션에서 활약할 수도 있다.

자기 자신을 꾸짖지 마라. 여러분의 꿈을 좇아가라. 오래된 것에 새로운 시도를 하고, 새로운 것에 색다른 시도를 해라. 시행착오를 기꺼이 받아들여라. 수년 동안 수천 번의 시도가 필요하다면, 다이슨의 흔들리지 않던 신념을 기억하라. 이미 유명한 진공청소기 회사가 있다고 해서 위대한 진공청소기의 이야기가 시작되지 못한 것은 아니기 때문이다.

나중에 여러분이 진공청소기를 사용하는 사람들을 본다면, 4명 중 1명은 다이슨의 제품을 쓰고 있을 것이다. 누군가 실패에, 실패에, 실패를 거듭하고도 포기하지 않고 계속 시도했기 때문이다.

굽히지 않는 용기를 가져라!

제너럴 일렉트릭의 기술자였던 제임스 라이트는 제품에서 고무를 대신할 새로운 물질을 연구하고 있었다. 1944년, 그는 늘릴 수도 있고 튕길 수도 있는 끈적한 물질을 개발했지만, 제품에 들어갈 고무를 대신하는 데는 실패했다. 5년 후, 그 물질은 새로운 쓰임새를 찾았다. 달걀 모양의 연한 플라스틱에 담겨 '실리 퍼티'라는 이름의 장난감으로 팔렸는데, 미국에서 최초로 유행한 장난감이 되었다.

우드워드 스로우백스
Woodward Throwbacks

　미시간 주의 디트로이트는 50년 동안 많은 공장이 문을 닫으면서 시의 수입이 심각하게 줄어들었다. 하지만 그 공허함과 절망의 시기를 그저 바라보는 대신, 카일 두베이는 의미 있는 일을 하기로 했다. 그는 디트로이트의 모든 공터와 버려진 공장 터들이 무단으로 버려진 물건들로 가득한 것을 보았다. 사람들이 고장 나거나 불필요한 물건들을 이 버려진 장소들에 무단투기하면서 도시의 절망에 황폐함마저 드리워졌다.

　두베이와 동료들은 자전거를 타고 도시를 돌면서 이 버려진 재료들을 수집하기 시작했다. 그리고 곧 그들은 쓰레기였던 재료들을 아름다운 물건들로 바꾸었고, '우드워드 스로우백스'라는 회사를 세웠다. 회사의 목적은? 그들이 사랑하는 도시를 구하기 위해 작은 일을 한 번에 하나씩 하는 것이었다.

　가져온 재료들을 가능한 한 원래의 용도에 맞게 유지한다는 원칙에 따라 디자인과 기능을 겸비한 제품으로 재탄생시킨다. 버려진 목재를 이용해 다양한 책상, 선반, 침대, 서랍장, 표지판 등을 만든다. 그리고 그들은 수리 후 자신들의 아이디어까지 들어간, 세상에 하나뿐인 목제품과 가구들을 판다. 다용도 서랍장의 철판에 다리를 붙여서 소파용 작은 탁자를 만들기도 한다. 그들은 폐허에서 아름다움을, 절망 속에서 희망을 창조하는 것을 목표로 한다.

"아름다움은 불완전함에 있어요. 우리는 추하고 더러운 골칫거리가 될지 모를 것들 속에서 최대한 많은 아름다움을 끌어내려고 해요."

"아름다움은 불완전함에 있어요.
우리는 추하고 더러운 골칫거리가
될지 모를 것들 속에서 최대한 많은
아름다움을 끌어내려고 해요."

7 크리스토퍼 리브
Christopher Reeve

"당신은 여전히 당신이고,
나는 당신을 사랑해요."
아내의 말 한 마디가 저를
살도록 했습니다.

📱 슈퍼 히어로가 되기는 쉽다. 모든 역경을 이겨내고 최후에 승리만 하면 된다. 거기에 살아 있는 증인이 필요하다면 리브를 만나면 된다. 그는 잘생기고, 건장하고, 카리스마 있는 배우이며 1970년대 〈슈퍼맨〉 시리즈로 스타가 되었다. 하지만 영화에 나오는 슈퍼맨 이미지보다 더 멋진 것은 스크린에 보이지 않는 그의 실제 삶이었다. 리브는 슈퍼맨처럼 강철 같은 근육과 무한 체력을 유지하였다. 그의 열정은 시들어 본 적이 없고, 늘 자신감을 풍겼다. 나이가 들어서도 어떤 병도 걸리지 않았으며, 누구든 그를 보면 성공이 무엇인지 알 수 있었다.

사기 주의! 독자들은 조심하시오!

때로 성공은 간단하다. 시합에서 우승하기, A⁺ 학점을 받기, 경주에서 완주하기, 문제를 해결하기, 수학 공식 풀기, 새로운 친구 사귀기, 산봉우리에 올라가기 등. 하지만 그런 일반적인 성공 앞에 어렵고 쉽게 해결할 수 없는 장애물이 놓인다면? 만약 우리 앞에 예측하지 못한 사건이나 결과가 발생했고, 성공에 대한 개념을 바꿔야 한다면? 우리가 성공이라 믿었던 것보다 훨씬 의미 있는 성공을 거두는 데 실패가 도움을 줄 수 있을까? 리브가 생애 최악의 도전에 직면했을 때 이러한 질문들을 붙잡고 씨름해야만 했다.

리브가 주인공인 슈퍼맨 영화가 1978년에 대성공을 거두었고, 그는 만인의 연인이 되었다. 그가 연기한 슈퍼맨은 근육 덩어리에 큰 가슴을 가진 잘생기고 부드러운 슈퍼 히어로였다. 모든 악의 무리와 적들을 물리쳤고, 해결하지 못하는 문제가 없었다. 어떤 것도 슈퍼맨보다 힘이 세거나 용감무쌍하지 못했다. 슈퍼맨의 약점을 알고 있는 최강의 적인 렉스 루터도 마찬가지였다. 영화가 대성공을 거두었기 때문에 그는 세 편의 속편에서도 주인공을 맡았다. 그는 최고의 명예와 부를 거머쥐었고, 런던의 연극 무대와 미국의 할리우드 영화에서 계속 주연을 맡았다. 한마디로, '모든 것'을 가졌다. 배우가 목표로 할 수 있는 성공의 정상에 도달한 것이다.

그런데 그때 생각지도 못한 일이 발생했다.

순식간에 어렵게 얻은 모든 성공이 사라져 버렸다.

질주. 패배. 파괴.

리브는 버지니아 주의 컬페퍼에 있는 승마시설인 커먼웰스 파크에서 승마 훈련을 하고 있었다. 그는 숙련된 승마인이었고 말을 잘 다룰 뿐 아니라 헬멧을 포함한 안전장비를 항상 착용했었다. 그러나 1995년 5월 27일, 리브는 말 등에서 튀어 오른 후 머리부터 땅에 떨어졌다. 그는 바로 의식을 잃었고 숨을 쉬지 못했다. 그는 구급차에 실려 신속히 병원으로 옮겨졌다. 몇 달에 걸친 소생술로 숨은 돌아왔지

넘어져도 일어서라!

미국의 32대 대통령 프랭클린 루스벨트는 서른아홉 살에 소아마비에 걸려서 후유증으로 다리 하나가 마비되었다. 그런데도 그는 뉴딜 정책을 펼치고, 대공황으로부터 나라를 구해냈다. 그는 여전히 해야 할 일이 있었고, 멈추지 않고 전진할 방법을 찾았다.

만, 여전히 치명적인 상태였다.

의사들이 그의 부상을 치료하려고 최선을 다했지만, 불가능한 것을 되돌릴 수는 없었다. 슈퍼맨이었던 그는 완전 최악의 척수손상을 입은 상태였다. 남은 생애 동안 자신의 힘으로는 움직일 수도, 숨을 쉴 수도 없게 되었다. 슈퍼맨으로서의 성공이 끝났다는 사실을 그가 깨달았을 때 상황은 최악으로 치달았다. 그는 이미 벌어진 고통스러운 사건에 집중하거나, 아니면 성공이 무엇인지 다시 정의해야 하는 선택의 갈림길에 섰다.

크리스토퍼
리브

주위 사람들을 불편하게 하지 않고
죽는 게 낫지 않을까요?

영원히.

리브는 병원 침대에서 꼼짝 못 하고 누운 채 현실을 보았다. 앞으로 무엇을 해야 하는지, 혹은 할 수 있는지를 생각했다.

"의사들은 내 상태를 설명했고, 나는 얼마나 심각한 상황인지 이해했습니다. 휠체어에 앉아도 팔을 사용하지 못하고, 스스로 숨을 쉴 수도 없어요. 정말이지 최악의 상황이었죠. 주위 사람들을 불편하게 하지 않고 죽는 게 낫지 않을까요?"

그는 부상의 심각성과 남은 삶이 어떻게 될지 깨닫고는, 수년 동안 각인된 슈퍼맨의 이미지와는 정반대로 삶을 연장하기보다 자살을 고려했다.

여러분은 성공의 기회가, 도저히 자신의 능력으로는 어찌해 볼 수 없을 만큼 완벽히 틀어 막힌 경험을 해본 적이 있는가? 때로 아무리 열심히 노력하고 온 힘을 쏟아부어도, 원래 꿈꿨던 성공이 불가능할 때도 있다. 우리가 하는 어떤 노력도 기존의 것을 바꿀 수 없으며, 삶이 달라질 거라고 아무리 빌어도 소용없다. 우리는 그런 순간에 리브가 마주했던 것과 비슷한 선택의 갈림길에 서게 된다. 성공할 수 없음을 깨닫고, 그 외의 다른 것은 의미가 없다고 느껴서 완전히 포기한다. 혹은 최선을 다한 자신을 칭찬해주고, 전혀 새로운 선택을 해서 그것에 집중하는 것이다. 둘 중에 그 어느 것도 쉬운 삶은 아니다.

리브에게는 전 생애가 걸려 있었다. 극단적인 진퇴양난이었다. 희망적이게도 여러분과 나의 딜레마는 그렇게 극단적이지 않다. 아마 수학 시험에서 성적이 떨어지는 것일 수도 있다. 맞다. 시험을 망친 것이다. 아니면 학기가 끝났을 때 수학 성적은 그대로이고, 평균 점수가 떨어졌다든가.

혹은 여러분이 축구팀으로부터 거절당했을 수도 있다. 감독을 붙잡고 아무리 호소를 해보아도, 그리고 얼마나 충실히 연습했는지를 보여 주어도, 감독은 단호하게 말한다.

"안 돼. 넌 팀에 들어올 수 없어."

그렇다. 이번 시즌에 여러분은 그 팀에 있을 수 없다.

또한 여러분이 정말 기상천외하고 특별하다고 생각한 실험을 준비해서 참가한 과학박람회일 수도 있다. 여러분은 그 실험이 모든 관객의 넋을 빼놓을 것이라 확신했지만, 결과는 정반대였다. 폭삭 망해 버렸다. 눈부시게 빛나야 할 그 순간에 산산이 부서지고 실패한 것이다. 그렇다. 여러분은 과학박람회가 끝났지만 칭찬 한마디 듣지 못했다. 모든 게 허무하게 끝났다.

이런 순간마다 내일 다시 해볼 기회가 없다면, 여러분은 어찌하겠는가? 그저 실패를 받아들이고, 더는 어떤 목표도 남아 있지 않다는 생각에 고개를 숙일 것인가? 자신의 분야에서 성공할 수 없다고 한숨을 쉬면서, 다른 모든 일도 포기할 것인가?

리브가 대면한 선택의 순간이 이런 것이었다. 그리고 어느 쪽을 선택하든 그의 결정은 감정적이고, 치열하며, 치명적일 것이다.

그가 결정을 못 내리고 힘들어하고 있을 때 아내인 데이나가 정말 중요한 역할을 해 주었다. 리브는 이렇게 떠올렸다.

"데이나가 방으로 들어왔어요. 내 옆에 서서 눈을 마주쳤지요. 나는 어렵게 입을 움직여 처음으로 내 의사를 확실하게 전달했어요. '당신도 나를 놓아줘요.'"

리브는 자신의 절망감을 전달했고, 가장 현명한 방법은 자신을 떠나보내는 것이 아니냐고 외친 것이다. 죽는다는 것. 두 사람의 앞에 놓인 견딜 수 없이 고통스러운 삶을 고려한, 완전한 항복을 의미하는 것이었다.

하지만 데이나가 리브를 사랑한 것은 그가 슈퍼맨이기 때문이 아니었다.

"데이나가 울기 시작했어요. 그녀가 이렇게 말하더군요. '이 말을 단 한 번만 할게요. 당신이 원하는 건 뭐든지 지지할 거예요. 당신의 삶이고, 당신의 결정이니까. 하지만 이것만을 알아줘요. 결국은 내가 당신과 함께 있을 거라는 사실을.' 그리고 그녀가 덧붙인 한 마디가 저를 살도록 했습니다. '당신은 여전히 당신이고, 나는 당신을 사랑해요.'"

와우!

당신은 여전히 당신이에요. 이 말이 갖는 힘을 생각해보라. 데이나는 이 몇 마디 말로 리브가 더 깊은 곳에 숨어 있던 자아를 찾아내도록 도왔다. 저 밑바닥 깊이 가라앉아 있던 본래의 모습을 일깨워 크고 붉은 S자와 단단한 근육, 넓은 가슴, 그리고 명예의 힘을 부활시켰다.

성공과 실패를 알아 가는 데 있어서, 저 말은 가장 중요하다. 데이나는 남편에게 살아오면서 행하거나 이룬 모든 것보다, 리브의 본질이 더 높은 곳에 있음을 알려 주었다. 그가 도달한 명예보다도 높고, 그가 만들어 낸 이미지들보다, 그가 연기로 얻은 비평가들의 찬사보다도 더 높은 데 있음을. 그의 본질은 훨씬 깊고, 뭐라 말로 표현할 수 없는, 또한 정의하기 힘든 것이었다. 그의 본질은 자신이 이룬 것에 있는 것이 아니라 자신이 누구인지에 달린 것이었다. 그가 이룬 것? 그것은 과거에 끝났다. 하지만 그가 누구인가는 죽는 날까지 이어지는 것이다.

당신은 여전히 당신이에요.

리브가 들었던 이 말이 그를 살렸다. 그의 심장 속에 깊이 파고들어 죽음 대신 삶을 향한 열망을 불어넣었다. 그리고 그 선택으로 인해, 그는 성공이 무엇을 의미하는지 새롭게 깨달았다. 영화가 성공해서 큰돈을 버는 것이 아니라 타인의 권리를 위해 싸우고, 모든 장애인에게 삶의 희망을 불어넣어 주고, 슈퍼맨이었던 리브 또한 고통 속에 있는 연약한 존재임을 세상이 알게 하는 것, 그것이 성공임을 깨달은 것이다. 멋진 근육이 아니라, 자신이 약하다는 걸 보여 주는 용기가 강한 것이다. 자신의 약한 모습을 솔직하게 드러낼 때 다른 사람들도 용기를 가지고 도전할 수 있을 것이다.

> 그가 이룬 것? 그것은 과거에 끝났다.
> 하지만 그가 누구인가는 죽는 날까지 이어지는 것이다.

리브는 삶을 선택함으로써 사회를 바꿨다. 그의 가장 큰 성공은 그 선택이 될 것이다. 그것은 그가 다치기 이전에 원래 가지고 있었던 성공의 정의와는 다르며, 만일 그가 원했던 것들의 목록을 작성한다면 그 안에 들어갈 수 없는 것이었다. 하지만 미래로 향한 길을 막아선 벽을 마주했을 때, 성공을 향한 새로운 길을 찾았다. 그러한 용기와 사랑이 세상 사람들에게 큰 영감을 주었다.

여러분이 하는 일이 무엇이든, 지금이든 언제든, 여러분이 꿈꿨던 성공으로 가는 길이 완벽히 틀어 막힐 때가 있을 것이다. 그런 일이 발생하면 여러분은 어떤 선택을 하겠는가? 그 실패를 받아들이겠는

〈007 네버다이〉, 〈와호장룡〉에 출연한 양자경은 척추를 다치기 전엔 발레리나가 되는 게 꿈이었다. 하지만 그녀는 새로운 꿈을 찾았고, 성공했다.

가, 아니면 벌떡 일어나 새로운 종류의 성공을 선택할 것인가?

전에는 한 번도 시도한 적 없는 새로운 운동을 해보지 않겠는가? 좋아하지 않는 과목에서 A를 받을 수도 있지 않나? 과학박람회에서의 실패를 떨쳐버리기 위해 바둑 동아리에 가입해서 처음 보는 친구들, 과거에 별 볼 일 없어 보였던 친구들과도 앉아서 게임을 하는 것은 어떤가?

영혼을 자극하는 그 말을 기억하자. 당신은 여전히 당신이에요. 여러분이 실패의 고통으로부터 회복할 수 없다고 느낄 때 이 말을 기억하라. 실패가 아무리 클지라도 이 말이 주는 울림은 진실하다. 여러분의 사건이나 문제, 혹은 실수가 얼마만큼 중대할진 모르나 당신은 여전히 당신이에요.

리브와 마찬가지로 여러분도 이 세상에서 크고 중요한 목적이 있다. 세상엔 여러분이 필요하다! 우리에겐 여러분의 목소리, 여러분의 아이디어, 여러분의 경험, 여러분의 전망, 그리고 여러분의 꿈이 필요하다. 여러분도 자신만의 길을 가는 동안 삶에서 데이나 같은 사람들을 찾아보라. 여러분이 크게 휘청거릴 때 누가 삶과 사랑을 선택하도록 용기를 주겠는가? 누가 결과에 상관없이 여러분을 신뢰하겠는가? 이러한 사람들의 말을 믿어 보라. 여러분이 꿈꿨던 성공을 이룰 수 없다고 해서, 더는 성공할 수 없을 거라는 부정적인 생각을 버려라. 살면서 해야 할 일이 더 있다는 것을 명심하자. 여러분 자신이 되는 데 전력을 다하기를.

8 스티븐 스필버그
Steven Spielberg

고통스럽다고
돌아서지 말아요.
확인하고,
맞서세요.

📱 스필버그는 영화 역사상 가장 유명한 흥행 감독 중 한 명이다. 그는 어릴 적부터 영화감독이 되고 싶었다. 이러한 열정 덕분에 친구들은 모두 그를 좋아했으며, 놀리거나 괴롭히지 않고 늘 칭찬했다. 대학에 갈 나이가 되었을 때, 어느 최고의 영화학교가 이 천재적인 스필버그를 데려갔을까? 그를 입학시키려는 경쟁이 너무 치열해서, 그는 전 세계 어느 영화학교라도 마음대로 선택할 수 있었다. 졸업까지 전액 장학금은 필수였다! 그뿐 아니라 4년의 학사 과정을 2년 만에 마치며 기록적인 조기 졸업을 했다. 그 이후는, 누구나 알듯이 역사였다. 우리 시대의 가장 유명한 작품들인 〈죠스〉, 〈이티〉, 〈쥬라기 공원〉, 〈라이언 일병 구하기〉, 〈트랜스포머〉, 〈워호스〉, 〈링컨〉, 〈인디아나 존스〉와 그 외의 수많은 작품을 연출하고 제작했다.

윗글에서 영화 제목들을 빼면 모두 틀렸다!

모두 가짜! 완전히 소설이다!

스필버그가 할리우드의 명성과 전 세계 평단의 찬사를 받기까지, 결코 쉬운 과정이 아니었다. 그는 꿈을 현실로 만드는 동안 큰 실패와 좌절을 겪어야만 했다.

그는 성장기에 또래 아이들로부터 놀림을 받았다. 부모님의 종교로 인해서 인정받고 사랑받기는커녕 정반대의 상황에 부닥쳐 있었다.

"어릴 적에 유대교 신자라는 이유로 괴롭힘을 당했어요. 매우 화나는 일이었지만, 부모님과 조부모님이 당했을 것에 비하면 아무것도 아니었죠."

그의 민족은 나치 독일의 홀로코스트(대량학살)를 겪었다. 당시 그들은 유대인이라는 이유만으로 학살당했다. 비록 그가 미국에서 태어났기 때문에 그런 박해는 받지 않았지만, 그와 가족의 신앙 때문에 괴롭힘을 당했다. 종교의 자유는 미국수정헌법 1조에서 보장된 자유였음에도 말이다. 만일 여러분이 종교나 신념 때문에 학교에서 괴롭힘을 당한다면, 여러분은 스필버그의 친구인 셈이다.

> 어릴 적에 유대교 신자라는 이유로 괴롭힘을 당했어요. 매우 화나는 일이었지만, 부모님과 조부모님이 당했을 것에 비하면 아무것도 아니었죠.
>
> 스티븐 스필버그

하지만 그가 어릴 적 괴롭힘이 끝나고 난 후에 엄청난 칭찬과 성공의 길을 달렸을까? 그리고 그를 괴롭혔던 친구들은 자신들의 행동에 큰 죄책감을 느꼈고 말이지. 안 그래?
역시 틀렸다!

고등학교 졸업 후 대학에 진학했더라면 자신의 이름을 떨칠 수 있었겠지만, 스필버그는 자신이 지원했던 대학에 합격하지 못했다(그는 서던 캘리포니아 대학의 영화예술학과에 지원했다). 그가 합격했더라면 영화에 관한 기초와 제작법 등 모든 것을 배우면서 학사학위를 딸 수 있었겠지만, 학교는 그가 제출한 입학신청서를 검토하고는 단호히 말

시드니 포이티어는 아카데미상을 받은 실력파 배우이다. 하지만 신인 시절의 오디션에서 연기력이 부족하다는 소리를 들었다. 감독은 그에게 연기는 그만두고 접시나 닦으라고 말했다. 그는 감독의 말을 무시하고 연기를 포기하지 않았고, 결국 할리우드를 넘어 세계적인 배우가 되었다.

했다.

"미안하지만, 우리 학교 학생이 될 수 없습니다."

감히 스필버그에게!?

이렇게 대학교에 떨어졌지만, 여러분은 그가 다음번에 바로 입학했다고 생각하지 않나? 어쨌든 그는 시간 날 때마다 계속 그의 재능을 살려서 대본을 쓰고, 촬영과 편집을 했을 테니까. 하지만 그 역시 여러분의 희망일 뿐이다. 그가 다음 학기에 다시 지원했지만, 돌아온 것은 불합격이었다.

불합격. 소질 없음.

잠깐, 이 엄청난 사실에 대해 생각을 좀 해보자. 의심의 여지 없이 영화 역사상 최고의 자리에 오를 감독이자, 사상 최고의 흥행 성적 (2016년까지 약 1조1천5백억 원)을 기록한 〈쥬라기 공원〉의 감독이 같은 영화학과로부터 실제로 두 번이나 거부를 당한 것이다!

스필버그는 다행스럽게도 서던 캘리포니아 대학의 단호한 거부를 무시해 버렸다. 좌절하지 않고 계속 단편 영화들을 만들며 노력했고, 감독으로 성공하기 위해 있는 힘을 다했다. 그는 희망과 승리의 소소한 순간들을 소중히 여겼고, 그것이 인정받지 못하던 시기에 그를 지탱해 주었다.

여기에 그를 지켜준 감동적인 일화가 하나 있다. 십 대의 스필버그는 짧은 영화를 하나 만들어 보이스카우트를 같이 하던 친구들에게 보여 주었다. 친구들은 격하게 손뼉 치고, 소리를 지르며 환호를 보냈다. 그는 그 순간에 관객들에게 잊지 못할 기억을 남겨줄 영화감독이 될 수 있음을 느꼈다. 이러한 기억은 성공의 씨앗이 되었고, 그는 작은 키와 종교로 인한 따돌림을 이겨내고 성공할 수 있었다.

스필버그는 타인의 시선으로 자신을 바라보지 않았다. 그 타인이 자신을 괴롭히던 아이들이든, 그를 거부한 영화학교의 사람들이든, 혹은 그 과정에서 만난 어느 비관론자든 마찬가지였다. 그는 자신의 능력을 믿었고, 노력은 보상을 받았다. 그는 롱비치에 있는 캘리포니아 주립대학의 입학 허가를 받았다.

하지만 그는 1968년에 대학을 자퇴하고 영화감독의 길로 완전히 나

굽히지 않는 용기를 가져라!

스티브 마틴은 배우이자 작가이며, 동시에 코미디언이기도 하다. 그는 초창기에 지독히도 관객을 못 웃기는 코미디언으로 여겨졌다. 커피숍이나 한물간 극장을 전전하며 관객을 모으기 위해 열심히 노력했고, 결국 무대와 영화에서 성공을 거두었다.
어떤 반전이 있었을까? 그는 남들이 주목할 수밖에 없는 위험을 감수했다. 공연 도중에 극장 밖으로 나가 관객을 모으기도 했고, 자신만의 방식으로 슬랩스틱 코미디(몸으로 웃기는 코미디)를 하기도 했다.

섰다. 스스로 자신의 길을 갈 준비가 되어 있다고 느꼈기 때문이다.

그리고… 맞다, 그 이후는 역사이다.

성공했음에도 스필버그는 자신의 아이들에게 대학교육의 중요성을 몸소 보여 주고 싶었다. 그래서 2001년, 캘리포니아 주립대학으로 돌아가 33년 만에 학업을 마쳤다. 졸업에 필요한 모든 과정을 수료하고 학사학위를 딴 것이다. 그는 영화감독으로 엄청나게 성공했고 많은 돈을 벌었다. 하지만 거기서 만족하는 대신에 한 번 포기했던 것을 끝내기로 했다. 포기하지 않는 것, 그리고 좋은 아버지가 되는 것이 어떤 건지 스스로 보여 준 것이다. 그는 당시의 상황에 대해 농담조로 말했다.

"쥐라기 공원을 준비하면서 많은 공부를 한 덕분에, 고생물학에서 학점을 딸 수 있었죠."

고통스럽다고 돌아서지 말아요.
확인하고, 맞서세요.

스티븐
스필버그

스필버그는 현재도 돈이 어마어마하게 들어가는 상업 영화를 만들고 있지만, 자신의 가슴을 뛰게 만드는 상상들을 영화로 만드는 데 주저하지 않는다. 그래서 〈마이 리틀 자이언트〉, 〈니드 포 스피드〉, 〈1941〉처럼 흥행에 실패한 예도 있다. 그는 다른 사람들에게 조언한다.

꿈을 가져라, 너무 따지지 말고!

코미디언 제리 사인펠드가 처음 큰 무대에 섰을 때, 관객들은 그가 중도에 퇴장할 때까지 야유를 퍼부었다. 왜냐하면, 공연이 형편없었기 때문이다. 하지만 그 실패로 포기하는 대신에 다음 날도 똑같은 무대에 올라 환호성을 받으며 공연을 끝냈다.

"고통스럽다고 돌아서지 말아요. 확인하고, 맞서세요."

스필버그는 친구들의 괴롭힘과 대학 불합격, 그리고 모든 비평에 맞서 살아왔다. 그랬기 때문에 영화제작산업에서도 자신의 힘으로 성공할 수 있었다. 그는 할리우드와 영화제작산업을 완전히 바꾸어버렸다.

여러분의 삶에서 누구의 거부를 무시하고 싶은가? 여러분이 이슬람교도, 청각장애인, 트랜스젠더, 혹은 남들이 혐오하는 다른 이유로 주변에서 괴롭힘을 당하는가? 여러분이 미칠 듯 참여하고 싶은 프로그램, 꼭 들어가고 싶은 팀, 혹은 동아리로부터 거부되었는가? 만일 그렇다면 스필버그의 삶을 기억하라. 도움의 손길을 요청하고, 여러분이 신뢰하는 사람들에게 용기와 응원을 부탁하라. 그러면서 여러분의 꿈을 계속 좇아라. 타인의 판결에 굴복하지 말고, 여러분이 옳았음을 입증해라. 여러분의 꿈은 아름답고도 꼭 필요한 것이다.

우리에겐 여러분이 필요하다. 여러분의 진짜 모습을 알리면 다른 사람들도 똑같이 할 것이다. 그 과정에서 더욱 공정하고 평등한 세상을 만들 것이다.

여러분의 입을 틀어막는 사람들의 목소리를 무시하라. 그대여, 벌떡 일어서라.

코난 오브라이언 Conan O'Brien

코난 오브라이언은 코미디언으로서 최고의 위치에 올라갈 준비가 되어 있었다. 17년간의 코미디언 경력 끝에 찬란한 성공이 코앞에 와 있었다. 그가 〈투나잇쇼〉의 진행자가 된 것이었다. 모든 코미디언이 꿈꾸는 그 자리에 드디어 서게 되었다. 단 한 가지 문제점만 없었다면. 그는 6개월 만에 그 자리에서 쫓겨났다.

그 어마어마한 실패 앞에서 오브라이언은 자신의 삶과 걸어온 길, 그리고 어디를 향해 가야 하는지 깊이 반성했다. 처음엔 그 실패로 인해 코미디언으로서의 생명이 끝났으며, 미래의 희망 따위는 없는 것처럼 보였다.

"하지만 그때 놀라운 일이 벌어졌어요. 나침반도 없이 안개 속에 갇혀 방황하다가, 어느 순간부터 일을 벌이기 시작했어요. 괴팍하게도 계피색 수염을 길렀어요. 그리고 소셜 미디어의 세계 속으로 빠져들었죠. 제 코미디를 트위터에 올렸어요. 전국 순회공연도 했고, 기타도 쳤지요. 스탠드업 코미디를 하면서 몸에 짝 달라붙는 정장을 입고, 앨범을 녹음하고, 다큐멘터리도 만들었습니다. 내 친구들과 가족이 겁을 먹을 정도였죠. 결국에는 제가 코미디언 생활을 하면서 지켜 왔던 모든 고정관념을 깨버렸습니다."

　오브라이언이 평생 꿈꿔왔던 성공이 모두의 눈앞에서 박살 났다. 하지만 그 실패가 결국은 자신을 되돌아보고, 자신과 자신의 시간, 그리고 자기 일을 재창조하게 했다. 실패하지 않았으면 꿈도 못 꿨을 새로운 시도를 하게 해줬다. 실패는 그의 독창성에 숨을 불어넣어 주었고, 재능을 더욱 빛나게 만들었다. 그는 훨씬 더 독창적으로 발전했고, 자신감은 더욱 가득해졌다. 모두 짐작하겠지만, 실패가 큰 변화를 가능케 한 것이었다.

> 실패는 그의 독창성에
> 숨을 불어넣어 주었고,
> 재능을 더욱 빛나게 만들었다.

9 마리암 미르자하니
Maryam Mirzakhani

중학교 시절엔
수학 성적이 엉망이었어요.
수학에는 일절 관심이
없었고요.

📱 누군가 천재 수학자가 되고 싶다면, 아주 어릴 때부터 미친 듯이 수학에만 몰두해야 한다. 그의 부모님은 세계적 수준의 수학자로 만들기 위해 자식을 훈련해야만 한다. 뱃속에서부터! 태어나지도 않은 아이에게 숫자 카드놀이를!

아이가 태어나고 나면 계산기부터 집어야 한다. 비싼 장난감이 아닌 진짜 계산기를! 더 나아가 수학 천재가 되고 싶다면, 태어나서부터 평생 수학 문제만 마주하면 에너지가 샘솟아야 한다. 수학을 제외한 다른 것들은 모두 지루하고 밋밋해 보여야 한다. 맞지?

다시 한번 생각해 봐.

이번 이야기의 주인공을 만나러 가기 전에 우선 필즈상에 대해 이야기해 보자. 수학계에는 필즈상이라 불리는 상이 있다. 가장 비중 있고 중요한, 말하자면 우리의 상상을 뛰어넘는 천재에게 주는, 모든 수학자가 꿈꾸는 상이다. 그 상은 전 세계 어느 수학자든 극한의 명제를 풀어냈거나, 혹은 엄청나게 어렵고 긴 이론을 만들어 낸 사람에게 1년에 한 번씩 준다. 필즈상을 아카데미상이라고 생각하면 된다. 단지 이런저런 분야별 수상 없는 단 1개의 수상일 뿐이다. 그 상을 받는다는 것 자체가 극도로 어렵다(터지는 팝콘의 낱알을 모두 잡거나, 선생님에게 여러분의 관점을 이해시키기보다 월등히 어렵다!). 이 명예로운 상의 2014년 수상자는 이란의 테헤란 출신의 여성인 미르자하니였다.

그녀는 어릴 적부터 미친 듯이 수학을 사랑해서 필즈상을 받은 게 아니었다. 오히려 학교 성적으로는 수차례 실패를 맛보았고, 고등학교에 진학하기 전까지는 수학에 관심조차 없었다! 그녀는 이렇게 기억했다.

"중학교 시절엔 수학 성적이 엉망이었어요. 수학에는 일절 관심이 없었고요."

수학에 관한 오랜 열정과 능력은커녕 수학을 즐기지도 않았다. 성적으로 볼 때 수학도 그녀를 좋아하지 않았다. 만일 우리가 중학교 시절 그녀의 시점에서 미래를 상상해 본다면, 필즈상은 누구의 상상에도 들어 있지 않을 것이다. 어느 날 갑자기 수학에 푹 빠질 거라는 느낌이 전혀 없었다.

> 중학교 시절엔 수학 성적이 엉망이었어요.
> 수학에는 일절 관심이 없었고요.

마리암
미르자하니

그녀의 이야기는 여러분에게 큰 파문을 미칠 것이다. 엄청난 파문을! 실제로 나는 이 '파문 씨'가 우리의 앞길을 막고 뭔가 하고 싶은 이야기가 있다는 걸 안다.

파문 씨 : 어이! 안녕, 친구들? 내 이름을 부르기에 만나러 왔어.
우리 : 멋져. 그랬다니 기쁘네.

파문 씨 : 좋아, 나도 기쁘네.

우리 : ….

파문 씨 : 그건 그렇고, 몇 가지 짚고 넘어갈 게 있어. 사람들은 나를 제대로 이해한 적이 없어. 그들은 현재의 시점에서 나를 이해할 수 있다고 믿어. 하지만 그건 내가 아니야. 나는 절대 그런 식으로 존재하지 않거든!

우리 : 멋있다! 그럼 어떤 식으로 존재하는데?

파문 씨 : 마치 마술 같아. 나는 쉽게 보이기 때문에 존재하는 게 아니라, 쉽게 보이지 않기 때문에 존재하거든.

우리 : 이해하기 어려워.

파문 씨 : 나도 알아. 그리고 또 있어.

우리 : 또 있다고? 뭔데?

파문 씨 : 나는 쉽게 보이지 않는 것을 보기 때문에 어떤 것을 볼 수 있어.

우리 : ….

파문 씨 : 그건 미래야! 사물 사이의 보이지 않는 관계들을 보기 때문에, 미래를 들여다볼 수 있어.

우리 : ….

파문 씨 : 예를 들어 볼게. 만일 친구가 자전거 타는 법을 가르쳐주는데 너희는 계속 넘어져. 그러면 두 겹의 파문이 발생해(바로 나!). 하나는 너희가 다시는 자전거를 배우지 않는 거야. 왜냐하면, 너무 당황스럽고, 아무리 노력해도 배울 수 없다고 이미 단정을 짓기

때문이야. 그런데 만일 친구가 너희를 비웃지 않고 계속 용기를 불어넣어 준다면? 그러면 다른 파문(또 나네!)은 너희가 자전거 타는 법을 완벽하게 익히고, 새로운 도전을 할 수 있는 곳까지 미치게 돼. 미래의 가능성 중 하나를 예로 들까? 자전거 안장이 너희에겐 균형을 방해할 정도로 낮은 걸 알게 돼. 그래서 안장의 높이를 올리고 다시 타는 법을 배우는 과정을 반복해. 그러다 자신이 자전거 정비에 소질이 있다는 걸 발견해. 그다음엔 공학을 전공하고! 결국엔 NASA에서 우주선 장비를 만들게 되는 거야!

우리 : 우와, 멋지네!

파문 씨 : 그러니 사물이 돌아가는 원리가 잘 안 보일지라도 자신감을 잃지 마. 물론 내가 다가오는 걸 알기는 어려워. 왜냐하면, 난 예고 없이 몰래 다가가는 걸 좋아하거든. 설령 내가 다가오는 걸 눈치채더라도 난 처음과는 다른 길로 바꾸어 다가갈 거야. 그러니 계속 올라타서 페달을 밟아! 자전거가 너희를 어디로 데려갈지 현재로선 알 수 없기 때문이야.

우리 : 멋지다!

파문 씨 : 멋지지!

우리 : ….

이 지점에서 나는 '파문 씨'에게 동의할 수밖에 없다. 우리 대부분은 현재의 내 모습을 가지고 미래의 나를 영원히 판단하려고 하기 때문이다. 학교에서 작문 점수가 낮다고 해서 작가는 절대 못 된다고 생각한다. 고등학교 축구부에 탈락했다고 해서 대학에 가서도 공을 안 차려고 한다. 과학박람회에서 실패했기 때문에 연구실에서 일하는 과학자는 절대 될 수 없을 거라 섣불리 판단한다.

틀렸다!

다시 말하지만, 미르자하니는 고등학교에 들어가서야 수학에 흥미를 갖기 시작했다. 풀어내기 어려운 문제들은 그녀의 오빠가 도와줬다. 단순한 방법으로는 문제를 풀 수 없다는 깨달음에 그녀는 짜릿함을 느꼈다. 미르자하니는 문제를 해결하는 데 필요한 다양한 방법들을 찾아가는 것에서 기쁨을 느꼈다.

미르자하니가 앞으로 나아가도록 옆에서 자극을 준 사람이 있다. 그녀가 다니던 고등학교 교장 선생님이다.

"교장 선생님은 시종일관 남학교 학생들과 동등한 기회를 우리에게 주려 했던, 강인한 여성이었어요."

테헤란에서는 남자와 여자가 분리된 채 교육을 받았지만, 미르자하니의 교장 선생님은 남자 고등학교의 학생들이 받는 지원과 기회

실패, 다음엔 성공!

테리 그로스는 미국 공영방송의 기자이자 토크쇼 〈프레쉬 에어〉의 진행자이다. 그는 고등학교 교사였을 때 학생들을 제대로 다룰 줄 몰랐다고 했다. 교사 생활 6주 만에 학교에서 해고되었는데, 그 실패가 그녀를 언론인으로서 새로 출발하게 해 줬다. 오늘날 그녀는 미국에서 가장 영향력 있는 인사 중 하나다.

를 어떻게든 자신의 학생들에게도 보장해 주려 했다. 그래서 1994년 국제수학올림피아드가 열리자 미르자하니는 한껏 들떠 있었다. 처음 참가한 그 명예로운 대회에서 그녀는 금메달을 집으로 가져갔다! 다음 해에는 금메달을 다시 가져갔을 뿐 아니라 만점을 기록했다. 덕분에 그녀는 수학을 더 공부하기 위해 목표로 한 대학에 바로 들어갔다.

그녀는 테헤란에 있는 샤리프 기술대학교의 수학과에서 뛰어난 능력을 보였다. 그리고 미국의 하버드 대학원에 진학했다.

하버드에 재학한 동안 미르자하니는 학생 중 가장 호기심 많고 끈질긴 수학도로서 이름을 날렸다. 그녀는 끊임없이, 말 그대로 끊임없이 질문했다. 그녀는 모든 수학 문제에 숨어 있는 이유와 해결 가능성을 알려고 했다.

우리는 흔히 수학을 답이 제일 중요한 과목으로 이해한다. 하지만 미르자하니는 그런 식으로 수학을 보지 않는다. 정확한 답을 찾는 데 몰두하는 대신, 그녀는 자신이 생각할 수 있는 모든 질문을 던진다. 그리고 이러한 질문들이 결국은 그녀에게 세계적 명성을 안겨 주게 되었다.

수업시간의 여러분 모습을 상상해 보라. 여러분은 답을 얻는 데 얼마나 집중하고 있는가? 그것도 '정답'을 찾기 위해. 여러분의 선생님들도 정답을 찾는 데 극도로 집중하지 않는가? 미르자하니는 자신의 집중을 더 큰 화면으로 옮겨 보여 준다. 정답이란 그저 방정식 일부분에 지나지 않는다는 걸! 답을 아는 것은 수많은 질문을 던지는 것에 비하면 하찮다. 닫혀 있는 여러분의 두뇌를 열어젖히는 것은 그 질문들이다. 단지 정답만을 찾아 헤맬 때는 생각도 할 수 없었던, 기발하고 창의적인 가능성으로 여러분의 뇌를 이끄는 것도 그 질문들이다. 그뿐이 아니다. 단 하나의 정답만을 좇는다면, 여러분은 한쪽으로만 치우치는 위험에 노출되는 것이다. 지루하고, 무미건조하고, 감동도 없는.

혼탁하고, 혼란스럽고, 별로 관계없어 보이는 질문도 집중하면 힘이 생긴다. 그렇게 되면 학교에서든, 실생활에서든 여러분이 하는 일을 진실로 이해할 수 있다. 무엇보다 수학에 빠져들 때 미르자하니를 맨 먼저 사로잡은 것이 문제의 본질, 즉 풀리지 않은 부분이었다. 그 열정을 그녀는 이렇게 표현했다.

"같은 문제를 다양한 각도에서 바라보고, 다양한 방식으로 접근할 수 있는 점에 사로잡혔답니다."

미르자하니에게는 가장 빠르고 쉬운 답을 찾는 것보다 '왜'와 '어떻게'를 찾는 과정이 훨씬 더 중요했다.

2004년도에 미르자하니는 하버드를 떠나 프린스턴 대학의 부교수가 되었고, 그 5년 후엔 스탠퍼드 대학의 종신교수가 되었다. 그리고

절망에서 정상으로!

윈스턴 처칠은 제2차 세계대전 도중 영국의 총리(62세의 나이로)가 되었다. 그는 학생으로도, 정치인으로도, 수차례의 실패를 겪었다. 하지만 그의 인내는 보상을 받았고, 히틀러와 나치를 물리친 핵심인물 중 하나로 기억되고 있다.

그곳에 재직 중인 2014년에 필즈상을 받았다. 그녀의 동료들과 학생들, 그리고 전 세계의 사람들은 수학적 명제를 입증하기 위해 그녀가 도출해낸 증거와 주장 들을 활용했다. 모두 그녀의 방식에 감탄했다. 직설적이거나 논리적인 방식으로 생각하는 대신에, 그녀는 수학하는 자신의 방식을 이렇게 묘사했다.

"마치 정글에 갇힌 것 같죠. 빠져나오기 위한 기술을 고안하기 위해 모든 지식을 활용하는 거죠. 운이 조금 도와준다면 탈출구를 발견할 수 있어요."

여러분의 중학교 수학 선생님은 수학이 이런 거라고 알려 준 적 있는가? 여러분은 수학 성적이 안 좋으면 이렇게 생각하지 않나?

'나는 숫자와 친해질 수가 없나 봐.'

여러분은 자신이 생각하는 것보다 더 잘할 수도 있다. 그동안 너무 답을 찾는 데만 집중한 탓에 질문들을 통해 얻을 수 있었던 모든 걸 잃었는지도 모른다.

마치 정글에 갇힌 것 같죠.
빠져나오기 위한 기술을 고안하기 위해
모든 지식을 활용하는 거죠.
운이 조금 도와준다면
탈출구를 발견할 수 있어요.

마리암
미르자하니

우리의 삶은 복잡하고, 혼란스러운, 때로는 고통스러운 질문들로 가득 차 있다. 그중 일부는 답을 찾고, 일부는 답을 찾지 못한다. 미르자하니에겐 풀지 못한 것 중 하나가 암이었다. 그 정글에서 나오기 위해 최선을 다했지만 결국 해결법을 찾지 못했고, 2017년 7월 14일에 세상을 떠났다. 그녀는 40년 동안 수많은 수학적 접근법과 창의적 해결법을 남겼다. 사람들은 앞으로도 오랫동안 그녀가 남긴 방법을 활용하여 어려운 문제를 해결할 것이다.

쉽고 편한 답을 찾는 방법으로는 그녀의 유산을 이해할 수 없다! 그러한 삶은 꼭 가고 싶은 여행지에 직접 가지 않고, 검색으로 만족하는 것이나 마찬가지다. 비행기로 직접 간다면 훨씬 좋을까? 배로는 어떨까? 행글라이더는? 롤러스케이트를 신은 '톤톤(영화 〈스타워즈〉에 나오는 동물)'의 등 위에 올라타서 가는 것은? 미르자하니는 문제가 어려울수록 더 열심히 창의적인 해결법을 찾았다.

대부분의 성공은 정글 바깥에 있는 편하고 쉬운 길을 따라가지 않는다. 성공으로 향하는 길은 대부분 불투명하거나 혼란스러워 보이는 과정이다. 그 안엔 수많은 시도와 실패, 또한 다양한 생각과 더 많은 시도가 있다. 미르자하니의 방식은 아마도 수학적이든 아니든 간에 성공에 대한 가장 심오한 증거들을 제시할 것이다. 중학교, 혹은 그 이전의 실패가 곧 여러분이 그 분야에 재능이 없음을 의미하는 것은 아니다. 오히려 더 크고 넓으며, 아름다운 관점에서 보지 못했음을 의미할 수가 있다. 답을 찾으려 주변을 돌아다니는 것이 여러분의 일을 더욱 경이롭게 만들기도 한다.

　　대브 필키가 초등학교 2학년일 때 선생님은 속옷을 소재로 재미있는 만화를 그리려는 그의 꿈을 갈가리 찢었다. 그때 선생님은 다음과 같은 명언(?)을 남겼다.

　　"속옷은 재미가 없어!"

　　수십 년 뒤, 『캡틴 언더팬츠』 시리즈의 작가는 자신 있게 반대의 주장을 펼쳤다. 그리고 8천만 명이 넘는 독자와 팬들은 그의 말에 동의한다.

　　아이디어가 재미없다는 말을 들은 게 다가 아니었다. 필키는 당시 ADHD(주의력결핍 과잉행동장애)를 겪고 있었다. 선생님들은 너무 시끄럽고 마구 돌아다니는 그를 수시로 꾸짖었다. 고맙게도 필키는 그의 캐릭터를 계속 그렸고, 두 주인공인 조지와 해럴드는 수많은 독자를 만들어 냈다. 필키는 사람들의 비판을 극복하고 자신의 유머 감각으로 독자적인 영역을 구축했다.

　　『캡틴 언더팬츠』가 수백만 부나 팔린 오늘날에도 그는 다른 사람들의 비판에 직면한다고 말한다.

　　"여러분이 무얼 하든 어떤 사람들은 싫어할 거예요. 그게 사실입니다."

그는 타인들을 평가하고 낙인찍기 좋아하는 사람들이 늘 있다는 것을 인정했다. 필키는 자신의 작품을 좋아하는 사람들에게 집중할 것을 선택했다.

"저는 이렇게 결심했죠. '뭐, 세상엔 내 만화를 싫어하는 사람들이 있겠지. 하지만 좋아하는 사람이 8천만 명이나 있다고.' 나는 이 사람들에게 집중할 겁니다."

"여러분이 무얼 하든
어떤 사람들은 싫어할 거예요.
그게 사실입니다."

10 켈빈 도우
Kelvin Doe

그분들은
저를 디제이 포커스라고
불렀어요. 제가 집중하면
완벽한 발명품을 만들 수
있다고 믿기 때문이죠.

어린 발명가들과 초보 기술자들이 성공하기 위해서는 두 가지가 필수다. 최신형 IT 기기와 많은 실험을 버텨줄 아주 많은 돈이다. 도우는 1996년 아프리카의 시에라리온에서 태어났고, 그 두 가지를 다 갖췄다. 우선, 열한 살이라는 어린 나이에 그는 이미 천재였다! 투자자들이 줄을 서 있어서 그는 작업에 필요한 것들을 찾아보거나 어디서 슬쩍 훔칠 필요도 없었다. 그것들은 늘 준비가 돼 있었다. 그가 원하는 건 오직 최고 품질의 재료와 IT 기기가 매일 배달돼 오는 것이었다. 철사, 전선, 축전기, 기어, 건전지… 말만 하시라. 도우는 원하는 건 즉각 얻었다.

그는 절대 마르지 않을 엄청난 재산을 상속받아서, 그가 꿈꾸는 모든 프로젝트에 필요한 돈을 마음껏 사용할 수 있었다. 게다가 그의 가족은 그가 시도하는 모든 발명을 인정해서, 아낌없이 지원해주는 완벽한 무대를 만들어 주었다. 그리고 그가 기술자로서의 꿈을 앞질러 이루고 있을 때, 그의 나라가 평화와 번영의 시기를 보내고 있던 것도 한몫했다.

정반대가 맞을 것 같네.

시에라리온의 수도 프리타운에서 태어난 도우에겐 발명가로서의 꿈을 펼치기 위한 어떠한 지원도 없었다. 그의 가족은 재료나 장비를 사줄 돈이 없었고, 그의 어머니는 다섯 명의 자식을 혼자 키우느라 도와줄 겨를이 없었다. 5형제의 막내로서 도우는 발명가이자 기술자를 향한 열정을 유지하기 쉽지 않았다. 실패와 재시도, 완성을 향한 창의적인 발상의 연속이었지만 그 과정에서 지원은 없었다.

1996년, 도우가 태어났을 때 서아프리카의 시에라리온은 내전에 휘

말렸다. 1991년부터 2002년까지, 다이아몬드 광산을 차지하기 위한 전쟁은 온 나라를 폐허로 만들었다. 정치와 군부 지도자들이 서로 광산의 통치권을 주장하자 UN이 개입했지만, 10년간의 혼란과 폭력이 뒤따랐다. 이 내전의 와중에 도우가 태어난 것이다.

폭력과 혼돈이 매일 반복된다. 그리고 전쟁지도자들의 손아귀에서 대통령이 끊임없이 바뀐다. 그런 세상에 여러분이 태어났다고 상상해 보라. 시에라리온의 도우에게 일어난 일이 바로 그것이었다. 국제적인 평화 노력은 매번 물거품이 되었고, 안정은 기대할 수도 없었다. 하지만 그는 불가능해 보이는 꿈을 꾸었다. 그것은 바로 정교한 전기장치를 만드는 꿈이었다.

도우는 열한 살에 그 꿈을 이루었다. 그는 마을 사람들이 매일 뉴스와 음악을 들을 수 있는 라디오방송국을 만들었다. 하지만 큰 건물과 많은 사람이 일하는 일반적인 방송국이 아니었다. 그는 그 모든 것을 혼자 해냈다. 쓰레기 더미를 뒤져서 건진 재료에, 라디오에 관한 그의 지식을 활용했다. 그가 만든 것은 라디오송신기였다. 도우 스스로 디제이가 되어서 음악과 뉴스를 골라서 주민들에게 들려주었다. 그리고 프리타운에서는 한 달에 하루만 전기를 사용할 수 있었기 때문에, 발전기뿐 아니라 배터리도 만들어 냈다.

그가 집에서 만든 발전기와 배터리로 사람들은 언제든지 전기를 쓸 수 있었다. 더 오래, 더 효율적으로 일하고, 서로를 보살피면서 마을은 더 강해지고 안전해졌다.

이렇게 마을에 결정적인 도움이 되는 장비들을 어떻게 만들었을까? 일단 도우의 가족은 그의 일을 도울 만한 소득이 없었다. 그리고 그 자신도 돈을 벌기엔 너무 어렸다.

도우는 사람들이 생각할 수 없는 창의적인 방법을 사용했다. 그는 쓰레기 매립장들을 뒤졌다. 매일 방과 후에 근처에 있는 쓰레기 더미를 올랐다. 누구에게도 배운 적 없이, 도우는 망가진 부분들을 분해해서 집으로 가져와서는 가히 혁명적인 방식으로 조립해 완전히 새로운 제품을 만들어 냈다. 또한 그 새 제품을 다시 분해해서 다른 낡은 부품들과 조립하고, 또다시 새로운 부품이나 제품을 만들어 냈다. 쓰레기 매립장에서 건진 도구들과 부품들, 그리고 다양한 조립품들을 수년간 분해하고 새로 만들기를 반복하면서 그는 전문가가 되었다.

필요한 장비들을 갖추진 못했지만, 무엇이든 그의 눈에 들어오는 것을 통해서 배웠다. 그는 현장에서 과학적 이론을 발견했다. 시도했고, 실패하면 새롭게 다시 시도했다. 다시 실패하면 다시 새로운 것을 실험했다. 그는 마을 사람들의 삶을 개선하겠다는 자신의 목표를 달성하는 결과물이 나올 때까지, 수집한 재료와 부품들을 계속해서 결합했다. 주변의 재료를 활용하는 이 과학적 방법으로 몇 가지 독창적인 발명품을 만들었다.

대표적인 예는 배터리다. 소다와 금속, 그리고 산을 섞은 후 굳을 때까지 기다린다. 굳은 혼합물을 테이프로 꽁꽁 싸맨다. 그렇게 탄생한 배터리는 이웃의 집들을 충분히 밝힐 만큼 강력했다.

프리타운의 사람들은 어린 발명가를 어떻게 바라봤을까? 도우의 표현에 의하면 이렇다.

"그분들은 저를 디제이 포커스라고 불렀어요. 제가 집중하면 완벽한 발명품을 만들 수 있다고 믿기 때문이죠."

여러분도 예상했겠지만, 도우의 재능은 오래지 않아 마을 밖으로 퍼져 나갔다. 맨 먼저 지역 TV 방송국에 초청을 받았고, 자신의 독창적인 발명방식에 관한 이야기를 들려주었다. 열여섯 살에는 혁신경연대회에 참가했다. 그 대회에서 시에라리온의 고등학생들이 모여 자신들의 혁신적인 기술들을 검증했다. 이 경연대회에서 도우는 너무나 뛰어나서 MIT(매사추세츠 공과대학)에서 박사과정을 밟고 있던 데이비드 셍게의 시선을 사로잡았다. 도우가 걸어온 길에 대해 셍게는 이렇게 말했다.

"굉장히 감동적이었습니다. 발전기를 자신이 필요해서 만들었으니까요."

셍게는 그를 뉴욕의 행사에 초대했다. 도우는 그때 처음 프리타운 밖으로 나가게 되었다. 2012년 말, 뉴욕에서 열린 세계 '메이커 페어'

에서 그는 '젊은 제작자들과의 만남'이라는 토론 참석자가 되었다. 그 행사에서 셍게는 도우에게 MIT의 국제개발계획의 3주짜리 심화 과정에 참여할 것을 요청했다. 그 합숙프로그램의 목적은 MIT의 연구소에서 작업하면서 전문 지식을 공유하고, 기술적 가능성에 관해 학생들과 교류하는 것이었다.

켈빈 도우

그분들은 저를 디제이 포커스라고 불렀어요.
제가 집중하면 완벽한 발명품을
만들 수 있다고 믿기 때문이죠.

도우가 MIT를 방문한 동안 셍게와 MIT 학생들뿐 아니라, 하버드의 학생들과도 긴밀하게 연구를 했다. 그는 MIT와 하버드의 학생들과 함께 연구할 기회를 가지면서 수업에서 강의도 했다! 이 경험은 두 가지 파문을 일으켰다. 첫째는 도우의 기술과 창의적인 방식들이 엄청나게 퍼진 것이고, 둘째는 도우와 함께 했던 학생들에게 커다란 감명을 주었다는 점이다. 학생들은 도우를 통해서 어려운 상황 속에서도 꿈을 가지고 노력하면 불가능할 게 없다는 것을 깨달았다.

도우는 비극적인 내전 속에서 성장했다. 쓰레기와 고장이 난 물건을 활용해서 꿈을 위한 발판을 마련했다. 그의 꾸준한 노력은 실패와 거부의 목소리마저 다음 발명을 위한 연료로 만들어 버렸다. 그는 새로운 시도가 실패하면 쓰레기 더미로 다시 가서 새로운 재료들을 뒤졌다. 그 방식은 그가 스무 살에 설립한 회사에서 현재까지 계속하는 방식이다. 또한 그는 '켈빈 도우 재단'을 통한 환경운동가로서의 작업을 할 때도 같은 방식을 쓴다.

지금 도우는 캐나다에서 살고 있지만, 온갖 곳을 여행하며 어린이들과 작업을 하고, 전 세계에서 강연하며 젊은 발명가들에게 영감을 불어넣고 있다.

> **굉장히 감동적이었습니다.**
> **발전기를 자신이 필요해서 만들었으니까요.**
>
> MIT 석사 데이비드 셍게

우리는 걸핏하면 실패, 혹은 실수할 거라는 두려움 때문에 앞으로 나아가지를 못한다. 우리의 꿈을 이루는 데 필요한 것을 가지고 있지 않다고, 스스로 세뇌하지는 않는가? 우리의 열정을 좇아가는 와중에도 신제품이나 가게에서 파는 물건만을 고집하지는 않는가?

도우의 이야기는 우리에게 사회에서의 실패든, 지도자들의 실패든, 혹은 우리가 사용하는 도구의 실패든 정면으로 마주하라고 요구한다. 단지 마주하는 것에서 멈추지 말고, 그가 걸어간 길을 따라 무슨 일이 있어도 전진하라고 한다. 넘어져도 다시 일어서면 된다. 재료들을 조합하고, 새로운 방법을 찾고, 우리의 창조물을 세상에 내놓는 것이다.

더 나아가 성공을 향한 새로운 길을 탐색하기 위해서는 서로 의지

굽히지 않는 용기를 가져라!

대부분의 발레 댄서들이 아주 어린 나이에, 정교하게 짜인 수업과 훈련을 시작한다. 미스티 코플랜드는 열세 살이 되어서야 발레를 시작했다. 비록 전통적인 훈련을 받진 못했지만 그녀는 완벽히 성공했다. 아프리카계 미국 여성으로는 최초로 아메리칸 발레단의 수석 발레리나가 되었다.

할 수 있는 짝을 찾을 필요가 있다. 도우의 곁에 셍게와 같은 짝이 있었듯이.

여러분은 어떻게 자신의 꿈을 특별하게 만들 것인가? 누구에게 손을 내밀고, 누구와 힘을 합쳐 여러분의 놀라운 꿈을 이룰 것인가? 다른 이들에게 손을 내밀어 그들의 꿈을 함께 나누면, 여러분 또한 자신의 꿈을 넓히게 될 것이다.

베티와 리처드 제임스
Betty and Richard James

슬링키라는 이름의 장난감을 아는가(지금 아마도 눈동자를 굴리고는 "물론!"이라고 외치겠지?). 믿거나 말거나 어린이들 사이에 최고로 인기 있는 이 장난감이 탄생한 건 1940년대 초였다! 나도 어릴 때 하나 갖고 있었고, 내 아들도 갖고 있다(심지어 내 할아버지의 집에서도 초창기 슬링키를 봤었고, 어머니도 어릴 때 갖고 노셨다!). 그 장난감은 솟았다가 뚝 떨어지면서 어떤 계단이든 내려간다. 모든 아이처럼, 나는 슬링키의 묘기를 보는 것을 즐긴다.

이 놀라운 발명품은 어느 날 해군 기술자인 리처드 제임스가 자신의 선반에서 용수철이 떨어지는 걸 목격한 데서 시작되었다. 그 실수는 그의 아이디어 전구에 불을 밝혔다. 그는 집에 돌아와서 아내 베티와 2년 동안 연구를 거듭한 끝에 슬링키를 완성했다. 셀 수 없을 만큼의 시도가 있었다. 금속의 종류도 바꿔 보고, 용수철의 규격도 바꿔 가며, 최적의 움직임을 갖는 장난감으로 만들었다.

나머지는 말하지 않아도 알겠지만, 장난감계의 역사이다! 그동안 팔린 슬링키의 용수철 길이를 다 합하면 지구를 150바퀴나 감을 수 있다.

다음에 뭔가 떨어뜨리거나 실수하게 되면, 그냥 흘려보내지 말 것! 여러분의 아이디어 전구에 불이 켜지는 순간일 수도 있다. 최고의 발명품을 예고하는 아이디어 말이다!

다음에 뭔가 떨어뜨리거나
실수하게 되면,
그냥 흘려보내지 말 것!

11 마야 안젤루
Maya Angelou

인종차별이나 성차별,
혹은 연령차별을 하는 누구도
내 삶을 오그라들게 하는 것을
절대 용납하지 않을 거예요.

누군가 연설가, 가수, 무용가, 베스트셀러 작가, 어머니, 취임식의 낭송 시인, 그리고 활동가가 되고 싶다면, 종이에 적힌 목록에서 하나씩 확인 표시만 하면 된다. 연설자? 확인! 가수? 확인! 목록 마지막까지 가면 된다. 만일 그 누군가가 1928년 미주리 주에서 태어난 아프리카계 미국 여성이라 해도, 그녀를 막을 인종차별이나 학대는 없을 것이다. 오히려 그녀의 목소리를 듣기 위해 멀리 있는 사람들까지도 찾아올 것이며, 그녀의 경험과 메시지를 공유할 것이다.

이미 눈치를 챘겠지만, 그 정반대가 사실이다.

1994년의 어느 날을, 나는 잊을 수가 없다. 안젤루가 코네티컷 주의 하트퍼드에서 강연한다는 소식을 들은 날이다. 나는 중학교 3학년이었는데, 안젤루는 내 형이 다니고 있던 트리니티 대학에서 연설할 예정이었다.

당시 나는 농구에 푹 빠져 있었다. 내게 모든 결론은 농구였다. 키가 크거나 빠르지도 않았지만, 농구를 너무 좋아해서 농구공을 끌어안고 잘 정도였다. 그러니 내 형인 마이클이 주차장 앞으로 걸어 들어와 어머니와 함께 트리니티 대학에서 강연을 들을 거라 했을 때, 나는 당연히 농구를 하고 있었다.

"누가 강연을 한다고, 형?"

"시인인 마야 안젤루!"

나는 공을 던져버리고 형의 차에 올라탔다.

안젤루는 이미 한 권의 책을 냈는데, 나는 그 책에 압도당해서 심장이 터지는 줄 알았다. 그 책을 읽고 나서 이전엔 꿈에도 생각 못 할 만큼 머릿속으로 세상을 보는 시야를 넓혔다. 나는 농구의 모든 것을 좋아했지만, 마음속 깊이 시를 은밀히 사랑하고 있었다.

내가 열두 살이었을 때 아버지의 책꽂이에서 안젤루가 쓴 얇은 두께의 책을 발견했다. 그녀가 1969년에 쓴 자서전인 『새장에 갇힌 새가 왜 노래하는지 나는 아네』였다. 그 책은 위대한 시집이었으며, 그녀 자신에 관한 믿을 수 없을 만큼 강렬한 이야기를 담고 있었다. 그녀는 1930년대에 아칸소 주와 미주리 주에서 성장하면서 백인들에게 인종차별을 당했다. 그리고 가족들한테서 보호와 사랑은커녕 끔찍한 성적 학대를 당하고, 굴욕을 견뎌야 했다. 젊은 아프리카계 미국 소녀는 이러한 고통을 겪으면서 소리를 잃었다. 그녀는 자신의 목소리를 거두었다. 침묵을 강요당하고 마음은 찢기고 지워졌다. 자신을 둘러싼 잔인하고 불평등한 사회에 자신만의 방식으로 저항했다.

그러나 안젤루의 이야기는 그녀를 둘러싼 압도적인 장애물에도 불구하고 끝나지 않았다. 그녀는 그 장애물들을 부수기로 했고, 열세 살 즈음에 드디어 입을 열기 시작했다. 그리고 성장할수록 목소리에는 더욱 힘이 실렸다. 그녀는 그 이후에 댄서, 배우, 작가, 그리고 감독이 되었으며, 자신을 해치고 학대한 사람들의 손에 삶이 놀아나는 것을 거부했다. 그녀는 자신의 목소리와 육체, 그리고 가능한 모든 일을 다 해서 맞서 싸웠다.

1993년에 빌 클린턴 대통령이 취임 선서를 할 때, 안젤루는 미국 역사상 취임식에서 시를 낭송한 두 번째의 시인이 되었다(첫 번째 시인은 존 F. 케네디 대통령의 취임식에서 낭송한 로버트 프로스트였다).

안젤루는 자신의 손에서 탄생한 시 「아침의 맥박에 부쳐」를 힘차게 낭송했다. 그 시는 미국의 용감한 미래상을 제시했는데, 삶에서 겪은 고난들을 가득 녹여낸 것이었다. 그녀는 시에서 우리가 과거에 숨을 수 없으며, 눈앞에 있는 불평등을 모른 척할 수도 없음을 말한다. 그녀는 현재의 문제들에 속지 않으려면 두 눈을 똑바로 뜨고 정면으로 맞서야 한다고 외친다.

"오늘날 바위는 우리에게 외친다네 / 나를 딛고 올라서도 좋다 / 하지만 내 뒤에 숨지는 말라고"

침략과 사악함에 맞서 행동하라는 이 주문은 눈이 부시다. 안젤루는 우리가 바위 위에 우뚝 설 수 있음을 보여 준다. 우리 고난의 역사를 예언한 증언을 들려주며, 우리가 그 고난을 극복할 수 있음을 알려 준다. 하지만 바위는 수치와 고통을 피하고자 숨는 장소는 될 수 없다. 숨는 대신에 더 높은 위치로, 치유와 평화, 그리고 성공의 위치로 올라가야 한다.

안젤루의 성취에는 한계가 없다. 그녀의 자서전은 《뉴욕 타임스》의 베스트셀러가 되었으며, '전미도서상' 후보에 오르기도 했다. 살아 있는 동안 20권의 책을 출판했으며, 전 세계를 돌아다니며 강연을 했다. 또한 여배우로서 '토니상' 후보에 지명되기도 했다. 그녀는 장편영화 〈다운 인 더 델타〉를 연출하기도 했다.

안젤루는 성공했다고 해서 미국에 있는 뿌리 깊은 인종차별에 눈을 감지 않았다. 그녀는 이렇게 기록했다.

"백인들은 세상을 지배했어요. 공기와 식량, 직업과 학교, 공정한 기회조차도 독점했습니다."

그녀가 아들인 가이와 함께 다양한 경험을 하는 동안 인종차별이 여전히 남아 있으며, 그것에 맞서 싸울 필요가 있음을 깨달았다.

안젤루는 그 목표를 이루기 위해서 전 세계를 찾아다니며 강연했고, 목소리는 더 우렁차고 강해졌다. 만일 그녀가 주저앉아 남들이 지

과감히 방향을 틀어라!

팟캐스터인 루이스 하위스는 어릴 적에 성적으로 학대받았지만, 수년간의 노력 끝에 결국 내면의 고통을 극복하고 성공한 인물이 되었다. 그는 상처투성이 경험에 굴복하지 않았고, 현재는 다른 사람들이 자신의 상처와 공포에 맞설 수 있도록 돕고 있다.

정한 자리에서 빠져나오지 않았으면 어찌 되었을까? 자신의 마음에 귀 기울이지 않고 권위적인 주변의 손아귀에 자신을 맡겨 버렸다면? 나는 열세 살 때 입을 연 그녀가 짊어져야 했을 결심과 그 힘듦을 짐작조차 못 하겠다. 그리고 그녀의 목소리를 듣고 사람들이 존중해 줄 거라는 사실을 깨닫기까지, 참고 견뎌낸 고통 또한 짐작조차 못 하겠다. 하지만 나는 그녀처럼 침묵하지 않으며, 타인들에게 내 목소리를 들려주기 위해 노력할 것이다.

여러분은 어떻게 여러분의 목소리를 활용할 수 있는가? 여러분은 타인의 위협과 학대, 고통과 무시, 그리고 조롱을 받으면서도 침묵한 적은 없는가? 누군가 남에게 침묵을 강요하는 모습을 보면서도 못 본 척하지는 않았는가?

안젤루는 과감히 자신의 이야기를 나누고 부정에 대항하기 위해 자신의 목소리를 이용한다. 덕분에 다른 사람들도 그녀와 똑같이 할 수 있다는 용기를 얻는다. 이런 식으로 그녀는 자신의 경계를 넓히며 사람들에게 손을 내밀었다. 2000년에 윈프리와의 인터뷰에서 그녀는 이렇게 설명했다.

"나는 끌어올 수 있는 모든 것, 선한 것, 강한 것, 그리고 힘 있는 것 등 모두 끌어모읍니다. 그리고 모든 상황에 그것들을 적용하지요. 인종차별이나 성차별, 혹은 노인차별을 하는 누구도 내 삶을 오그라들게 절대 용납하지 않을 거예요."

1994년의 그 날로 돌아가 보자. 내가 강당에 앉아서 안젤루의 강연을 들었을 때 놀랄 만한, 그러면서도 아름다운 힘을 느꼈다. 상처와 어둠으로 가득 찬 자신의 이야기를 두려움 없이 쏟아 놓는 사람을 보았고, 더 밝은 현재와 미래를 위해 노력하는 모습도 보았다. 난 마법에 걸린 듯 앉아 있었고, 그녀의 말들은 농구보다, 아니 세상 무엇보다 백배는 더 중요하게 다가왔다. 오늘날까지도 안젤루의 말은 내가 힘들고 지칠 때 도망치지 않고 나아갈 수 있는 용기를 준다.

> 인종차별이나 성차별, 혹은 노인차별을
> 하는 누구도 내 삶을 오그라들게
> 절대 용납하지 않을 거예요.

마야 안젤루

여러분에게 벌어진 일 때문에 숨곤 하는가? 여러분이 너무 고통스럽고, 나약하고, 두렵고, 혹은 너무 부끄러움이 많거나 말이나 행동에 너무 자신 없어서, 또한 미래를 바꿀 능력이 없다는 걱정에 바위 꼭대기에 올라서기보다는 뒤에 움츠려 있지는 않은가?

「새장에 갇힌 새가 왜 노래하는지 나는 아네」를 찾아보라. 인터넷에 들어가서 지혜롭고 따뜻하며 재미도 있는 안젤루의 목소리를 들어 보면, 타인이 아닌 자신의 의지로 사는 여러분의 모습이 보일 것이다. 여러분을 무시하고 침묵하게 만드는 사람들의 생각보다 여러분은 훨씬 강하다.

어쩌면 그들이 한 번쯤은 여러분을 꺾었을 수 있다. 하지만 안젤루

처럼 여러분은 숨지 않고 바위 위로 올라설 것이다. 여러분은 승리
할 것이다.

존 루이스 John Lewis

1965년 3월 7일, 스물다섯 살의 아프리카계 미국인인 존 루이스는 흑인들이 백인들과 동등한 선거권을 요구하는 행진을 이끌고 있었다. 그들의 목표는 앨라배마 주 셀마에 있는 에드먼드 페터스 다리를 건너서 몽고메리에 있는 주 정부청사까지 가는 것이었다. 평화적인 행진임에도 경찰은 길을 막고 행진에 참여한 사람들을 무자비하게 때리기 시작했다. 다른 참가자들과 마찬가지로 루이스는 피투성이가 되었고, 그날의 행진은 다리를 건너지 못했다.

미국 남부의 주들에선 흑인을 차별하는 제도가 많았다. 루이스는 이 제도들이 헌법의 이름으로 폐지되어야 하며, 미국 시민으로서 부여받은 동등한 선거권을 보장받기 위해 행진했다.

비록 3월 7일의 노력은 경찰의 폭력 진압으로 실패했지만, 그날의 사건 소식은 널리 퍼져 나갔다. 사람들은 그날을 가리켜 '피의 일요일'이라 불렀다.

루이스는 법에 보장된 동등한 권리를 쟁취할 수 없었지만, 행진에 참여한 사람들과 함께 2주 후인 3월 21일에 다시 한번 행진을 시도했다. 그리고 이번엔 평화행진이 에드먼드 페터스 다리를 넘어 주 정부청사까지 도달했다.

그 기념비적인 행진이 있기 아주 오래전, 루이스는 앨라배마 주의 트로이에서 인종차별이 일상적인 삶을 살면서 그것이 잘못되었다는 사실을 누구보다 잘 알고 있었다. 그는 마틴 루터 킹에 관한 이야기를 들었고, 흑인들의 권리를 위해 차별과 맞서 싸우겠다고 마음먹었다. 후에 테네시 주의 내슈빌에 있는 피스크 대학에 다닐 때 '자유 쟁취를 위한 버스 여행'에 참여했다. 흑인과 백인 학생들이 버스를 타고 전국을 돌면서 흑인을 차별하는 제도에 반대하며, 평등과 존중을 외쳤다. 루이스와 참여자들은 버스에서 내릴 때마다 인종차별주의자들에게 폭행을 당하고 비난을 들어야만 했다. 그런데도 그들은 멈추지 않았다.

결국 그 운동은 미국의 수도인 워싱턴까지 성공적으로 도달하였고, 1986년에 루이스는 하원의원이 되어 근본적인 변화를 이끌어냈다. 평생에 걸친 그의 노력은 2011년, 대통령으로부터 대통령 자유 훈장을 받는 것으로 인정받았다. 미국 시민으로서 최고의 영예인 그 훈장을 걸어준 사람은 다름 아닌 버락 오바마 대통령이었다! 오늘날까지도 루이스는 평등과 정의를 위해 계속 행진하면서 운동의 중요성을 널리 알리는 데 기여하고 있다.

12 템플 그랜딘
Temple Grandin

목장에 도착해서
제일 먼저 하는 일은,
소의 머릿속으로 들어가서
그들의 눈으로 세상을
바라보는 거예요.

누군가 소와 함께 있는 직업을 원한다면 미국 서부에 있는 목장에서 자라야 한다. 매우 거친 환경일 것이다. 그곳엔 카우보이모자와 수컷임을 자랑하는 사내들로 넘쳐날 것이다. 많은 남자가 으스대며 소를 키우는 법과 고기로 만들어 먹는 법에 대해 떠벌릴 것이다. 목장을 더 현실감 있게 보여야 하니까 먼지도 풀풀 일어야 할 것이다. 그리고 이 거친 사내들이 울타리 주변에 모여 소에 관해 얘기할 때, 소 떼가 흙바닥을 차서 먼지가 구름처럼 일어나고, 그 구름이 너무 자욱해져 흙먼지 외에는 아무것도 안 보일 것이다. 흙먼지가 가라앉으면? 아마 여러분은 그들 중 최고의 소 조련사인 '캐틀 위스퍼러'를 발견할 것이다.

사나이. 인근에서 가장 거친, 외로운 사나이. 소와 함께할 운명을 타고난 사나이. 심지어 그는 외양간에서 태어났다! 그것도 인근에서 가장 거친 목장의 외양간에서.

그렇다. 흙먼지가 걷히면 그가 나타날 것이다.

정말로? 전혀!

그렇게 성스러운 카우보이 이야기는 영화관에나 가서 봐라!

실제 이야기에서 흙먼지가 가시고 나타나는 사람은 그랜딘이라는 여성이다. 그녀가 목장에서 자란 것도 아니고 카우보이의 혈통을 갖고 태어난 것도 아니지만, 그녀는 소를 다루기에 적당히 거칠면서도 똑똑하다.

여러분의 학교에서는 교직원들이 재학생을 학습능력과 성적, 그리고 다른 학생들과 잘 어울리는 것을 기준으로 분류하는가? 1947년, 매사추세츠 주 보스턴에서 그랜딘이 태어났을 때 이런 기준은 보편

적이다 못해 지나칠 정도였다. 어른들의 관점에서 사회성이 떨어지는 아이들은 학급에서 소외되기 일쑤였다. 다를 뿐 아니라 괴이하고, 학습능력이 떨어지는 아이들은 모두 '보통의' 학생들에게 방해가 되는 존재였다. 하지만 그랜딘은 이 모든 관점이 잘못되었음을 입증했다. 그녀와 같이 자폐증이 있는 사람들은 능력이 없는 것이 아니라, 새로운 방식으로 사고하며 해당 분야에서 놀라울 만큼의 능력을 갖춘 존재라는 것을 보여 주었다.

그런데 그랜딘은 누구?

여러분이 육식을 한다면 그랜딘이 전 생애에 걸쳐 이룩했던 설비와 발명, 그리고 덜 잔인한 도축방식과 매우 가깝게 연결된 셈이다. 그녀의 표현대로라면 그렇다.

"사실 미국의 소와 돼지의 3분의 1은 제가 설계한 설비로 관리되고 있어요. 제게 도움을 받은 사람 중 일부는 그들의 시설을 자폐증 환자가 설계했다는 사실을 모를 거예요."

하지만 이것도 10년이 넘은 얘기다. 지금은 미국과 캐나다에서 사육되고 있는 소의 절반이 그녀가 설계한 설비에 의해 관리되고 있다.

그랜딘은 정육업계에 혁명을 가져왔다. 그녀가 개발한 세심한 설비 때문이었다. 그녀가 만든 미로는 소의 불안을 없애주었다. 도축되기 전 소의 심리상태를 고려했을 때 더없이 효율적인 설계였다. 소 떼의 불안은 달팽이관 모양의 길을 따라 걷는 동안 줄어든다. 소몰이꾼들이 직선의 통로에 강제로 몰아넣던 기존의 방식에 비해 소들의 움직임도 훨씬 느려졌다.

여자로서 남자들이 지배하던 정육업계에 뛰어든 것 자체가 역사에 남을 만한 위업이다. 하지만 자폐증이 있는 그랜딘이 정육업계 종사자들로부터 겪어야 했던 소외와 비난, 그리고 좌절은 훨씬 더 고통스러운 것이었다.

하지만 그런 좌절은 소 떼와 만나기 훨씬 오래전부터 있었다. 그랜딘은 어릴 적부터 여러 학교를 전전하면서 행동이 다르다는 이유로 친구들로부터 놀림을 받았다. 그녀는 말할 때마다 주기적인 경련 증상(언어적 틱)을 갖고 있었는데, 이 때문에 크게 말하면서도 말이 자주 끊겼다. 또한 그녀는 눈 마주치기, 속도 맞추기, 그리고 몸짓 등의 사회적 신호를 이해하는 데 어려움을 겪었다. 그랜딘은 다른 학생들이 이해할 수 없는 방식으로 사고했다. 그것에 대해 친구들은 이해와 격려 대신에 욕설과 괴롭힘으로 답했다. 그녀는 친구들과 어울리지 못한 시절을 이렇게 떠올렸다.

"내가 무엇을 잘못하고 있는지 이해할 수 없었어요. 내가 다르다는 것을 알지 못했죠. 내 생각엔 친구들이 달랐던 것이니까요. 왜 어울릴 수 없는지 전혀 이해할 수 없었어요."

열네 살 때 그랜딘은 비버 카운티 사립학교에서 쫓겨났다. 자신을 괴롭힌 아이에게 못 견디고 대응했기 때문이었다. 어느 날 그녀를 계속 괴롭혔던 한 여자애의 입에서 '저능아'라는 말이 나왔을 때, 그랜딘은 그 애를 향해 책을 던졌다. 학교는 그랜딘이 어떤 괴롭힘을 당해 왔는지는 조사하지 않았다. 그저 단 한 번의 대응으로 학교를 떠나야 했다.

절망에서 정상으로!

헬렌 켈러의 부모는 딸이 사람들과 의사소통할 수도, 논리적 사고를 할 수도 없을 거라는 말을 들었다. 하지만 그들은 딸을 멀리 떨어진 시설에 보내는 대신 앤 설리번이라는 가정교사를 고용했다. 설리번과 켈러는 함께 믿을 수 없는 기적들을 이루었다. 켈러는 의사소통하는 법을 배웠을 뿐 아니라 대중연설과 글을 통해서, 시각과 청각의 세상에서 장애를 가지고 살았던 자신의 강인한 삶을 사람들에게 알렸다.

그녀는 학교에서 쫓겨났지만, 학업의 꿈을 포기하지 않았다. 또한 자신의 아이디어로 세상을 변화시킬 방법을 찾으려 했다. 그랜딘은 뉴햄프셔 주의 린지에 있는 햄프셔 지방학교로 전학을 갔고, 이해심 많은 선생님인 윌리엄 칼록을 만났다. 선생님은 그녀의 재능과 능력을 알아보았다. 그는 그랜딘의 아이디어를 칭찬하고 그녀의 말에 귀기울였으며, 그녀의 생각을 친구들과 나눌 수 있도록 도왔다.

그 아이디어 중 하나가 '압박 기계'인데, 종종 포옹 기계나 상자로 불리기도 한다. 그랜딘이 아직 고등학생이었을 때, 애리조나 주의 목장에서 살고 있던 가족을 방문했다. 그곳에서 그녀는 소가 V자형의 밀착 장치에 들어가게 되면 곧바로 진정한다는 것을 알았다. 사방에서 부드럽게 누르는 압박이 소를 안정시키는 원리인데, 그랜딘이 어릴 때부터 꿈꿨던 마법의 기계와 같았다. 그녀는 안기듯 편안한 느낌을 열망했지만, 기계에 갇히는 느낌은 싫었다. 그래서 그녀는 압박의 정도와 지속시간을 자신이 전부 조절할 수 있도록 상상의 나래를 폈다.

그랜딘은 뉴잉글랜드 주로 돌아와서 이 압박 장치를 자신의 상상대로 설계하는 작업에 들어갔다. 밸브를 열면 원하는 정도로 설정된 압력으로 나무들이 사방에서 조여 오는, 자신만의 V자형 포옹 상자를 만들어 냈다. 그 상자 안에 들어가서 기계를 작동하면 걱정과 흥분, 스트레스를 풀 수 있었다. 후에 그녀는 대학의 기숙사에서 그 포옹 상자를 만들었고, 그녀가 졸업하는 데도 도움이 되었다(그런데 그랜딘이 고등학생일 때 개발한 그 포옹 상자는 후에 전 세계의 제조업체에서 제품으로 개발하였다. 자폐성 장애가 있는 사람들의 걱정과 흥분을 가라앉히는 데 도움을 준다. 일리노이 주에 있는 테라핀 상사에서 만든 압박 기계는 그랜딘이 원래 만든 것과 가장 유사하고, 덴마크의 글로리아 먼디케어에서 만든 '오비스 상자'는 빛과 음악 기능을 추가했다.).

그랜딘은 린지에 있는 프랭클린 피어스 대학에서 심리학 학사학위를, 애리조나 주립대학교에서 동물학 석사학위를 취득했다. 그리고 일리노이 대학에서 동물학 박사학위를 땄다.

그랜딘이 학생으로서만 놀라운 성공을 거둔 것은 아니었다. 자신의 발명품들로 정육업계를 완전히 변화시켰다. 그녀는 소들을 도살장으로 안내하는, 정교하게 고안된 곡선의 통로를 발명했다. 또한 소들이 불안을 느끼는 그늘을 없앰으로써 스트레스와 걱정을 최소화했고, 흥분하거나 혼란에 빠지는 현상을 줄였다. 또한 '울음소리'를 기반으로 소들의 스트레스를 측정하는 기발한 방법을 고안해냈다.

예를 들어 보자. 맥도널드는 목장들의 가장 큰 고객이다. 그래서 맥도널드의 요구사항은 계약에 영향을 미친다. 그랜딘은 맥도널드에 소고기를 납품하는 모든 목장의 검사 보고서를 만들었다. 그녀는 그때의 상황을 이렇게 묘사했다.

"우리는 실제로 울고 있는 소의 숫자를 세요. 만일 열린 공간에 있는 100마리의 소 중에 3마리가 울면, 그 목장은 맥도널드와 계약할 수 있어요. 그런데 만일 100마리 중의 4마리 이상이 울면 검사에 탈락하는 거죠. 그것으로 끝이에요. 그러자 엄청난 변화가 일어났지요. 왜냐하면 그 조항으로 인해 목장주들이 새로운 설비들을 운용했어야만 했거든요."

> 제게 도움을 받은 사람 중 일부는
> 그들의 시설을 자폐증 환자가
> 설계했다는 사실을 모를 거예요.

템플 그랜딘

그랜딘은 주변 사람들의 잔인한 비아냥거림을 무시했다. 그 덕분에 발명가로서 자신의 이름을 알리고, 많은 사람에게 크나큰 영웅이 되었다. 그녀는 목장에서 가축을 다루는 방식은 물론이고, 사회에서 자폐증 환자를 바라보는 부정적인 시선도 완전히 바꿔놓았다. 그녀의 첫 책인 『어느 자폐인 이야기』는 그러한 변화를 이끈 획기적인 자서전이었다. 그전까지 사람들은 자폐증 환자를 제대로 이해할 수가 없었다. 1986년에 책을 출간한 후부터 그랜딘은 자폐증 환자들에 대한 이해와 평등한 권리를 위한 운동을 지속하고 있다. 그리고 그녀는 교수가 되었는데, 그녀가 학교에서 쫓겨났던 사실을 생각하면 정말 놀라운 반전이다. 그녀는 현재 콜로라도 주립대학에서 존경과 인기를 한 몸에 받는 동물학 교수로 재직 중이다.

여러분이 남들과 다른 방식으로 생각해도, 얼마든지 자신의 아이디어를 나눌 수 있고 유명해질 수도 있다. 틀에 박힌 사고를 하는 사람들보다 다르게 생각할 줄 아는 여러분이 더 큰 성공을 거둘 수도 있다. 그랜딘은 다르게 생각하는 방법을 이렇게 소개한다.

"목장에 도착해서 제일 먼저 하는 일은, 소의 머릿속으로 들어가서 그들의 눈으로 세상을 바라보는 거예요."

목장을 설계한 사람 중에 그녀처럼 생각한 사람은 아무도 없었다. 그들은 소의 입장은 무시하고 오로지 인간의 관점에서 설계했다. 그 결과 소들은 높은 수준의 불안과 공포, 혼란을 느낀다. 그랜딘의 특별한 관점은 훨씬 친화적인 목장을 탄생시켰다.

템플 그랜딘

목장에 도착해서 제일 먼저 하는 일은, 소의 머릿속으로 들어가서 그들의 눈으로 세상을 바라보는 거예요.

남들이 뭐라 말하든 여러분만의 독특한 관점은 비난거리가 아니다. 그 관점을 적용할 줄만 안다면 축복이나 마찬가지다. 그것은 여러분에게 창조적인 설계를 가능케 하는 높은 안목을 안겨줄 것이다. 타인들의 좁은 시선에 함께 빠지지 말고, 끊임없이 새로운 발상을 샘솟게 하라!

발상을 그려라!

발상을 적어라!

발상을 장면으로 만들어 보라!

무언가 발명되고, 인정받고, 재정의되기까지는 기다림의 시간이 필요하다. 이렇게 불가피한 진행 과정에 여러분은 어떻게 임할 것인가? 그랜딘처럼 스스로 해결책의 일부가 될 수도 있지만, 어떤 선택을 하든지 도전을 멈추면 안 된다. 사회가 여러분을 인정하지 않을수록 더욱 그렇다. 만일 모든 사람이 똑같은 관점으로 문제를 본다면 변화가 생길 수 없다. 목청 높여 여러분만의 창조적인 생각을 함께 나누는 것이야말로 이 세상을 발전시키고 지구를 고향으로 삼는 모든 이에게 도움이 될 것이다.

굽히지 않는 용기를 가져라!

비올라 데이비스는 브로드웨이와 할리우드에서 연기상을 받았다. 하지만 어린 시절의 극심한 가난을 극복한 것이야말로 진정한 상이 될 것이다. 그녀는 쥐가 들끓던 철거 직전의 아파트에서 살았다. 가족이 아무리 일해도 가난했고, 늘 배가 고팠다. 하지만 그녀는 가난을 벗어나기 위해서만 아니라, 예술가로서 성공하기 위해 자신에 대한 믿음과 꿈을 놓지 않았다.

마크 샤반과 알 필딩
Marc Chavannes and Al Fielding

1957년, 뉴저지 주의 마크 샤반과 알 필딩은 비닐 더미와 씨름하고 있었다. 둘은 새로운 형태의 벽지를 만들고 있었다. 결국 둘은 작은 공기 방울로 촘촘한, 재미있는 질감에 단열효과까지 있는 비닐을 고안하는 데 성공했다. 아주 실용적인 발상으로 보였지만, 커다란 문제가 있었다. 그 비닐은 완벽한 실패였다.

하지만 꼭 그런 것만은 아니었다. 정확히 말하면, 그들이 만든 공기 방울 비닐이 벽지로서는 완벽한 실패였다. 아무리 질감이 흥미롭고 단열효과까지 높아도 그것을 자기 집 벽에 바르려는 사람이 없었다. 하지만 3년 뒤인 1960년, 두 사람은 '방울 포장'으로 이름을 지은 자신들의 발명품을 팔기 위해 '실드에어'라는 회사를 설립했다. 믿거나 말거나, 그 비닐에는 여러분이 배달된 물건의 포장을 뜯을 때마다 '딱!', '딱!' 소리를 내며 공기 방울이 터지는 재미를 느끼게 하는 목적이 숨어 있었다. 현재까지도 '방울 포장'은 트럭이나 비행기, 그리고 배에 물건을 싣거나 집으로 배달할 때 파손을 방지하기 위해 널리 사용되고 있다.

때로 우리가 한 분야에서 실패로 여기는 것이 다른 분야에

선 폭발적인 성공이 될 수가 있다. 창조성을 말할 때마다 항상 마음이 열려 있어야 한다고 주장하는 이유가 여기에 있다. 여러분의 실패한 발명품이 다른 분야에서 월등히 우수한 목적을 가질 수도 있다.

> 때로 우리가 한 분야에서 실패로 여기는 것이 다른 분야에선 폭발적인 성공이 될 수가 있다. 창조성을 말할 때마다 항상 마음이 열려 있어야 한다고 주장하는 이유가 여기에 있다.

13 프리다 칼로
Frida Kahlo

나는 내 현실을 그려요.
내가 아는 유일한 것은, 그려야만
해서 그린다는 거예요. 그리고
무엇을 그려야겠다는 생각 없이
머릿속을 스치는 것이면
무엇이든 그려요.

📱 멕시코의 화가이자 정치활동가인 칼로는 매우 안락한 삶을 살았다. 그녀는 젊은 시절에 위대한 화가가 될 거라는 자신감으로 가득했다. 그 목표는 한 번도 변함이 없었으며, 그녀의 그림은 세월을 거치면서 뚜렷하게 세련되어졌다. 그녀는 그림을 그릴 때면 깊은 안도감을 느꼈고, 온전한 자신이 되는 것을 느꼈다. 이것은 그대로 작품에 영향을 주어 단순하고도 이해하기 쉬운 그림이 되었다. 그녀는 작품을 손쉽게 완성했고, 잠깐 쉬다가 또다시 그리기를 끊임없이 반복했다. 그림으로 자신의 긴 인생을 만족스럽게 채웠다.

워, 워, 워! 완전히 틀렸다!

화가나 작가를 생각하면 여러분의 머릿속엔 어떤 이미지가 떠오르는가? 위의 글처럼 먼동이 트기 전까지 참을성 있게 앉아서, 차분한 붓놀림으로 캔버스 위에 화려하고 다채롭게 하늘을 묘사하고 있는 사람이 보이는가? 외딴 호숫가 오두막에 앉아 찰랑거리는 파도 소리를 들으며, 노트북 화면에 글자를 채우며 위대한 소설을 쓰고 있는 사람이 보이는가? 작업 중엔 웃음이 끊이지 않는, 즐겁고 행복한 화가나 작가를 떠올리는가?

가끔 이렇게 즐겁게 작품활동을 하는 경우가 있기는 하다. 하지만 대개는 그 반대가 현실이다. 소설가인 존 가드너는 언젠가, "예술은 상처를 입으면서 시작된다"는 말을 남겼다. 예술이란 우리가 마주할 고통, 느낄 혼란, 그리고 견뎌야 할 고난까지, 우리 주변을 감싼 어둠으로부터 빛을 향해 내디딜 때 시작된다.

이러한 방식의 영감이야말로 칼로의 삶에 딱 맞아떨어진다. 현재 그녀의 그림은 전 세계의 주요 박물관과 화랑에서 존경의 대상이다. 그녀가 화가의 길에 들어선 계기는 행복, 성공, 평화 따위와는 전혀 관계가 없다. 오히려 고통과 실패가 그녀를 화가로 만들었다. 고통이 그녀에게 빈 캔버스를 줬으며, 그녀는 그곳에 절망에서 피는 아름다움, 오늘날까지도 빛나는 아름다움을 그렸다.

1907년, 멕시코시티에서 태어난 칼로는 활발하고 생기 넘치는 소녀였다. 하지만 여섯 살 때, 몸이나 두뇌의 일부를 마비시키는 전염병인 소아마비에 걸리고 말았다. 그로 인해 그녀는 오른쪽 다리에 마비가 와서 움직일 수가 없었다. 거의 1년 동안 병에서 회복되기 위해 학교를 쉬어야 했다. 그녀가 다시 학교로 돌아왔을 때는 놀림감이 되어 있었다. 그동안 왼쪽 다리는 더 길고 강해졌고, 오른쪽 다리는 짧고 가늘어져 절뚝거리며 걸었기 때문이었다. 급우들은 '가짜 다리'라는 별명을 붙이며 괴롭혔지만, 그녀는 꿋꿋이 공부하며 그 괴롭힘을 견뎌냈다.

어릴 땐 그림에 전혀 관심이 없던 칼로였지만, 주변에는 예술작품들이 제법 있었다. 그중엔 사진작가였던 아버지의 작품들도 있었다. 그녀의 관심은 의학 분야에 있었고, 의사가 되는 게 꿈이었다. 하지만 열여덟 살 때 그녀에게 닥친 끔찍한 사고가 그 모든 것을 바꿔놓았다.

꿈을 가져라, 너무 따지지 말고!

무니바 마자리는 끔찍한 교통사고로 인해 척추손상을 입고 한쪽 팔과 상반신 뼈들과 장기에 상해를 입었다. 의사들로부터 다시는 그림을 그릴 수도, 걸을 수도, 아이를 가질 수도 없을 거라는 진단을 받았다. 그녀는 절망에서 일어나 다시 그림을 그렸고, 모든 공포와 맞서면서 서서히 회복되었다. 사고는 그녀를 휠체어에 주저앉혔지만, 자신이 사랑하는 일을 멈추게 하지는 못했다. 오늘날 그녀는 TV 진행자, 화가, 모델, 연설가, 그리고 유엔의 성 평등을 위한 단체와 유엔 여성권리를 위한 파키스탄 대사로서 활발히 활동하고 있다.

1925년 9월 17일, 여느 때와 다를 바 없는 오후였다. 칼로는 남자친구인 아리아스와 함께 집으로 가는 버스에 타고 있었다. 집으로 돌아가는 길은 버스로 돌진한 전차로 일순간에 악몽으로 바뀌었다. 전차는 버스를 들이받은 후에도 계속 밀어붙여, 버스를 완전히 파괴해 버렸다. 유리와 금속, 그리고 승객들이 함께 섞였다. 버스에서 튕겨 나온 난간 하나가 정확히 그녀의 골반에 박혔다. 극한의 고통에 그녀는 죽을힘을 다해 비명을 질렀는데, 그 소리가 구급차들의 사이렌 소리보다 더 컸다고 한다.

열여덟 살이라는 어린 나이에 칼로는 희망과 기쁨으로 가득한 삶에서 깊고 어두운 절망 속으로 내동댕이쳐졌다. 그녀의 몸은 고통으로 뒤틀렸고, 그 비극적 사고의 결과는 엄청났다. 한쪽 발과 척추가 부러졌고, 골반도 부서졌다. 그 시점 이후 그녀의 삶은 수술의 연속이었다. 하지만 매번 수술할 때마다 고통은 더욱 커졌고, 안락함과 평화의 순간은 어디에도 없었다.

그녀는 집에서 침대 밖을 나올 수 없는 자신을 표현하고 싶었다. 그러한 갈증에 그림을 그리기 시작했다. 그녀의 부모님은 침대에 누워서도 그릴 수 있는 특별한 삼각대를 만들어 주었고, 그림을 통해 자신을 표현하라고 격려해 주었다. 그녀는 초인적인 용기로 빈 캔버스를 마주했다. 그리고 고통을 창작을 위한 연료로 삼았다. 그녀는 자서전에서 이렇게 말했다.

"나는 내 현실을 그려요. 내가 아는 유일한 것은, 그려야만 해서 그린다는 거예요. 그리고 무엇을 그려야겠다는 생각 없이 머릿속을 스치는 것이면 무엇이든 그려요."

칼로는 자신의 몸처럼 망가진 현실을 벗어나 캔버스에 새로운 현실을 창조하기로 했다. 그녀가 표현한 생명력 넘치는 색과 불굴의 삶은 세계가 전혀 경험해보지 못한 작품들을 만들어 냈다. 버스 사고는 그녀의 몸을 침묵하게 했지만, 머리와 가슴만은 침묵하게 할 수 없었다.

> 나는 내 현실을 그려요. 내가 아는 유일한 것은, 그려야만 해서 그린다는 거예요. 그리고 무엇을 그려야겠다는 생각 없이 머릿속을 스치는 것이면 무엇이든 그려요.

프리다 칼로

칼로는 또 다른 유명 화가인 디에고 리베라와 결혼했고, 둘은 특별하고 기념할 만한 작품을 만들었다. 하지만 둘의 관계는 실패와 고난의 연속이었다. 두 사람은 결혼한 지 10년만인 1939년에 이혼했다가 다음 해에 다시 결합했다.

또 다른 비극이 있었다. 둘이 함께 사는 동안 칼로는 절박하게 자녀를 갖기를 원했다. 하지만 버스사고로 부서졌던 골반 때문에 아이를 낳을 수 없었다. 그녀는 3번의 유산을 겪었다.

우리 대부분이 상상할 수 없을 정도의 고통과 실패를 경험했지만, 칼로는 내면에 있는 엄청난 힘과 아름다움으로 작품을 만들어 냈다. 그녀가 이 강력한 힘에 다가설 수 있었던 것은 자신의 고통으로부터 도망치기보다는 정면으로 맞섰기 때문이었다. 그녀가 완성한 작품 중 상당수가 자화상인데, 고통과 좌절을 고스란히 반영하고 있다. 심지어 사고 직후에도 자신에게 닥친 장면을 연필로 그리며 재구성하는 시도를 했다. 그녀는 머릿속 이미지와 부드러운 선을 이용해 가공할 폭력의 현실을 캔버스에 옮겼다. 자신의 고통을 묘사하는 데 머릿속 이미지와 현실을 조합하는 이 방식을 줄곧 사용했다.

첫 유산을 암시하는 한 그림에서 칼로는 병원 침대에 누워 있는 자신을 그렸다. 그녀의 복부로부터 여섯 줄의 붉은 혈관이 비어져 나와 허공으로 뻗쳐 있다. 각 혈관의 끝에는 각기 다른 상징물들이 연결돼 있다. 달팽이, 태아, 꽃… 1932년에 그려진 이 〈헨리포드 병원〉은 그녀에게 유명세를 안겨준 많은 자화상을 대표한다. 삶의 고통으로부터 도망치지 않는 대담한 화가로서의 명성은 높아져 갔는데, 이미 유명한 화가였던 남편의 영향도 물론 있었다. 그녀의 작품에 대한 리베라의 시선은 존경으로 가득 차 있었다.

"과거 어떤 여자도 캔버스 위에 그토록 고뇌에 찬 시들을 옮겨놓지 못했다."

칼로는 자신의 고통에 맞서며 극한의 열정을 가지고 살았다. 그 모습을 통해서 다른 사람들도 자신처럼 살 수 있음을, 인생을 바꿀 역경 앞에서 침묵하거나 굳어버리지 않을 수 있음을 알려 주었다. 이러한 열정과 결단력 때문에 그녀는 기념비적인 화가로서뿐 아니라, 헤아릴 수 없는 마음의 고통을 이겨내는 용기의 상징으로서 존경을 받는다.

여러분은 그림을 통해 슬픔과 고통을 표현할 수 있는가? 혹은 춤을 통해서? 운동을 통해서? 항상 행복한 척하는 대신에 그녀가 보여준 용기를 통해 여러분의 고통을 뭔가 생산적이고 아름다운 것으로 바꿀 수 있는가?

> **과거 어떤 여자도 캔버스 위에 그토록 고뇌에 찬 시들을 옮겨놓지 못했다.**
>
> 디에고 리베라

우리는 칼로가 겪은 실패와 고통을 전부 참아내지는 못하겠지만, 우리도 살면서 큰 슬픔과 고통을 겪을 것이다. 그것은 우리 삶의 일부니까. 그리고 때로 이 슬픔과 고통은, 사랑했던 사람들로 인해 올 수도 있다. 이것들을 부정하거나, 혹은 없는 것처럼 꾸미는 대신에 여러분은 그것을 표현할 수 있는가? 타인들과 그것을 나눌 수 있는가? 여러분이 말로 표현하기 싫다면 그림, 글, 체조, 농구 등 다른 활동을 통해 슬픔과 고통을 표현할 수 있는가? 어느 방식으로 하든, 여러분의 투쟁은 명예로울 것이다. 어둠 속에 숨거나 갇히는 대신에 그 어둠을 뚫고 나오는 걸 느낀다면, 결국엔 빛을 다시 찾게 될 것이다. 그리고 이 모든 과정의 끝에 여러분은 칼로의 그림처럼 빛나고 아름다운 것을 창조하게 될 것이다.

주변의 사람들에게 기대라. 칼로의 이야기에서 힘을 얻어라. 그리고 여러분이 느끼는 슬픔과 고통 때문에 마비되지 말 것. 대담하게 솔직해지는 것에서부터 시작하라. 표현방식을 선택하고, 창의적인 마음가짐으로 여러분의 경험을 새롭고 더 나은, 여러분 자신의 것으로 바꾸어라. 삶의 방향이 통째로 바뀔 만큼 삶이 여러분을 놀라게 한다면, 다채로운 방식으로 삶을 다시 놀라게 하라. 항상 여러분의 흔적을 남기면서(내가 여기 있었노라!), 또한 늘 여러분 자신에게 솔직하면서.

회복하고 다시 일어나라!

미국의 영부인이었던 미셸 오바마는 고난이 성장의 필수 요소라고 믿는다. 그녀는 십 대들에게 이렇게 조언한다.
"우리는 완벽해야 한다고, 흔들려선 안 된다고 생각해요. 하지만 인생에서 성공하는 유일한 길은 실패에서 배우는 길뿐이에요. 문제는 실패가 아니에요. 실패 후 여러분이 어떻게 행동하는지에 달렸죠."

14 마리타 쳉
Marita Cheng

공학이란
세상이 더 잘 돌아가도록
과학을 실용적으로 적용하는
거라고 알려 주고 있어요.

📱 쳉은 어린 소녀일 때부터 남자와 여자가 완전히 평등하게 대우받는다는 사실을 알고 있었다. 호주를 비롯한 전 세계의 모든 영역에서 남자와 여자는 동등한 역할을 맡았다. 그녀는 애써 의식하지 않고도 자신이 남자들과 똑같이 꿈꾸는 모든 직업을 가질 수 있음을 알고 있었다. 그녀가 대학에 진학한 후, 전국의 초등학교 여학생들에게 로봇에 관한 강연을 했다. 쳉은 자신이 이미 경험했던 것을 알려 주기만 하면 되었다. 완벽한 평등은 이미 존재했었다고. 짜잔! 이야기 끝.

아니지! 어림도 없는 얘기!

이야기의 시작부터 완전한 거짓이다!

쳉의 실제 이야기를 알고 싶은가? 우선 나와 함께 아주 근본적인 것부터 상상해보자.

지금부터 남자와 여자는 각각 어떻게 행동해야 하는지에 관한 것은 모두 잊어버려라. 그저 두 눈을 감고 손가락으로 귓구멍을 막아라. 그리고 약 20초 동안 "라-라-라-라-라"라고 말하라.

그렇게 했나? 좋았어!

다음, 고개를 좌우로 두세 번 흔들어라. 고맙다!

자, 이번에는 우리 사회에 존재하는 수많은 직업을 떠올려보자. 어떤 직종은 압도적으로 여자들이 많고, 다른 직종은 압도적으로 남자가 많다는 게 도대체 말이 되는가? 진지하게 생각해보자. 어느 도시의 어느 도로에도 다음과 같은 대형 간판은 없다.

여러분이 여자라면 꼭 이 일을 해야 합니다.

남자는 이 일을 못 하니까.

여러분이 남자라면 꼭 이 일을 해야 합니다.

여자는 이 일을 못 하니까.

하지만 우리를 놀라게 할 통계 수치가 있다. 그중 하나를 뽑아볼까? 2013년 미국에서는 공학 직종의 14퍼센트만이 여성이었다.

14퍼센트?!

말도 안 되게 낮은 수치다. 여자들을 가사, 육아 등 가정적인 일에만 묶어 두고, 수학이나 과학 같은 분야에서 제외하는 잘못되고 낡아빠진 편견이 아직 많이 남아 있다. 반면에 남자들은 가정 밖의 수학, 과학, 의학, 법학 분야에서 마음껏 날개를 펴고 있다.

이것을 염두에 두고, 2017년 미국의 보육교사와 유치원 교사의 몇 퍼센트가 남자인지 추측할 수 있는가? 놀라 자빠질 것이다. 겨우 2.3퍼센트!

이 두 통계를 정리하면 미국의 보육교사와 유치원 교사의 98퍼센트가 여자이고, 미국의 공학자의 86퍼센트가 남자라는 말이다. 이런 불균형이 왜 아직 존재하는지, 우리가 아무리 깊이 생각해보아도 합당한 이유가 없다. 나는 뛰어난 보육교사나 유치원 교사가 되기에 충분히 온화하고 모범적인 남자들을 많이 알고 있다. 나는 또한 뛰어난 공학자가 되기에 충분히 똑똑하고 모범적인 여자들도 많이 알고 있다.

이제 쳉의 이야기를 해보자.

호주에서 자란 쳉은 어머니, 오빠와 함께 정부 소유의 공공임대주택에서 살았다. 그녀의 어머니는 가족을 부양하기 위해 호텔에서 청소부로 열심히 일했다.

고등학교 시절에 쳉은 열심히 공부해서 공학자의 꿈을 키웠다. 그래서 2006년, 고등학교를 졸업하자마자 과학, 컴퓨터공학, 그리고 로봇공학을 공부하겠다는 일념으로 멜버른 대학에 진학했다. 하지만 그녀는 같은 관심사를 가진 여학생의 숫자를 알고 충격을 받았다. 그녀의 학과에는 몇 명의 여학생이 있었을까?

다섯 명. 그녀를 포함해서.

호주 여성들의 단 11퍼센트만이 공학 직업에 종사한다는 사실을 알았을 때, 그녀의 충격은 더 컸다. 쳉은 궁금해졌다.

"남녀의 비율이 반반인데, 설계부의 단 10퍼센트만이 여자라면 그 발명품이 최선이라는 걸 어떻게 확신할 수 있을까? 만일 설계 회의에 참여하는 구성원들의 비율이 세상을 제대로 반영하지 못한다면, 그 기획이 최상이라는 걸 어떻게 확신할 수 있을까?"

이 질문은 그녀가 새로운 도전을 하게 만들었다. 그녀로서는 도저히 이해할 수 없었기에, 그 잘못된 문화를 직접 변화시키기로 작정한 것이다. 그 절망스럽고 충격적인 경향을 무시하고 그저 자신의 꿈을 좇아 공부만 할 수 없었다. 그녀는 2008년에 '로보갈스'라는 비영리 기구를 설립했다. 그 기구의 목적은 무엇일까? 소녀들에게 공학의 즐거움을 알려 주는 것이다. 공학이 어떻게 사람들의 삶 속에서 환경과 조건을 개선하는지, 여자들도 얼마든지 뛰어난 공학자가 될 수 있는지 보여 준다. 쳉은 과학, 공학, 수학도 충분히 멋진 과목이라는 걸 이해하길 바란다고 말한다.

> 만일 설계 회의에 참여하는 구성원들의
> 비율이 세상을 제대로 반영하지 못한다면,
> 그 기획이 최상이라는 걸
> 어떻게 확신할 수 있을까?

마리타 쳉

로보갈스는 작은 걸음부터 내디뎠다. 쳉과 팀원들은 자신의 대학 주변의 학교를 돌며 강연을 시작했다. 그 사실이 알려지면서 점점 더 많은 학교에서 강연 요청이 들어왔다. 그들의 활동은 빠르게 성장했고, 곧 로보갈스는 전국을 순회하게 되었다. 애초의 목표는 공학의 개념과 목적을 소개하는 것이었다고 말했다.

"대부분 여학생이 공학이라는 말의 의미를 모르고 있어요. 우리는 공학이라는 단어가 평소에도 자주 사용할 수 있는 친근한 것으로 소개해요. 소녀들에게 공학이란 세상이 더 잘 돌아가도록 과학을 실용적으로 적용하는 거라고 알려 주고 있어요."

2011년에 로보갈스는 과학경연대회를 개최했는데, 호주 전역에서 다섯 살부터 열여덟 살 사이의 수천 명의 소녀가 참가했다. 참가자들은 자신들의 집이나 지역의 고유한 문제점을 찾아내 그것을 해결하기 위해 공학적인 설계를 했다. 그리고 그 해결책을 보여 주기 위해 4분 분량의 영상물을 제작했다. 로보갈스는 다음 해에 자신들의 영역을 해외로도 넓혔다.

호주 정부는 그들의 활동에 주목했고, 쳉은 정부로부터 '올해의 호주 청년상'을 받았다.

마리타 쳉

> 공학이란 세상이 더 잘 돌아가도록
> 과학을 실용적으로 적용하는 거라고
> 알려 주고 있어요.

이제 로보갈스는 쳉이 대학 졸업과 동시에 세운 회사인 '오봇'만큼 잘되고 있다. 오봇은 삶의 질을 높이기 위한 로봇을 개발한다. 쳉은 또한 연간 150회 정도의 강연을 다니고 있다. 전 세계의 소녀들과 여자들에게 자신의 성별 때문에 꿈과 장래희망을 포기하지 않아도 된다고 주장한다.

마더 테레사는 인도의 콜카타에 세우려던 '사랑의 선교회'의 허가를 받는 데 번번이 실패했다. 불굴의 여성 지도자임에도 그녀는 거부당했으며, 나서지 말고 수녀로서의 자신의 위치에서 겸손하게 봉사하라는 말만 들었다. 물론 그녀는 겸손하게 봉사했다. 하지만 침묵한 것은 아니었다. 끊임없이 교황청의 고위층(전원 남자!)에게 편지와 청원을 넣은 끝에 허가를 받아 냈으며, 1950년에 설립된 '사랑의 선교회'는 지금까지도 가난하고 절망에 빠진 사람들을 보살피고 있다.

여러분이 여자라 해도, 로봇공학자의 꿈을 포기해야 할 어떤 이유도 없다. 자신에게 질문 하나만 하면 된다.

나는 뭐든 만들어 내는 걸 좋아하는가?

대답이 '예'라면, 이 시대에 뒤떨어진 편견에 맞서서 꿈을 찾아가면 된다. 여러분이 그렇게 하면 다른 여성들도 그 꿈을 좇을 수 있을 것이다.

마찬가지로 여러분이 남자라 해도, 유치원생들을 가르치고 싶은 꿈을 포기해야 할 이유가 전혀 없다. 자신에게 질문 하나만 하면 된다.

나는 아이들을 사랑하는가?

대답이 '예'라면, 어리석은 편견에 맞서 도전하라. 그리고 멋진 보육교사나 유치원 교사가 돼라. 여러분이 그렇게 하면 다른 남성들도 그 꿈을 좇을 수 있을 것이다.

쳉은 성별이 여러분을 휘두를 수도, 여러분이 꿈꿀 직업을 결정할 수도 없다는 것을 증명했다. 여자와 남자는 각각 정해진 직업이 있다고 말하는 사람이 아직도 있다. 그들의 사고방식이 잘못된 것이란 걸, 여러분이 열정을 갖는 꿈을 좇아가는 것으로 보여 줘라. 그런 사고방식을 거부해야만 여러분은 발전할 수 있고, 타인들도 용기를 얻을 것이다.

그러면 남자 혹은 여자로 기울어진 분야에서 성별과 관계없이 균형을 이룬 상태에 이를 것이다.

라 파브리카 La fábrica

  사람이나 단체, 그리고 동물들만이 실패를 통해 찬란하게 부활하는 것은 아니다. 장소 또한 실패 후에 아름다운 성공을 맛볼 수 있다.

  라 파브리카를 예로 들어 보자. 1900년대 초에 시멘트 공장이었던 그곳은 스페인의 건축가인 리카르도 보필을 만나 기가 막힌 명소로 탈바꿈했다. 1973년, 스페인의 바르셀로나 외곽지역을 탐색하던 보필은 뜻밖의 발견을 하게 되었다. 우연히 낡은 공장을 발견한 그는 곧바로 그 건물의 가능성에 홀린 듯 빠져 버렸다.

  그곳은 버려지고, 쓸모없고, 뼈대만 남아 있었다. 하지만 보필이 벽과 굴뚝의 재활용 계획을 그려낼 때마다 새로운 생명과 미래를 찾기 시작했다. 그로부터 40여 년의 세월이 흘렀는데 아직도 끝이 아니다! 라 파브리카는 지금도 그 자리에 그대로 서 있다. 높은 천장들과 툭 터진 공간들, 그리고 깊은 초록의 식물들이 거대한 건물 안팎을 가득 장식하고 있다. 라 파브리카는 구제 불능의 장소는 없다는 살아 있는 증거다. 실패가 끝이 아니듯, 폐허 역시 절대 끝이 아니다. 미래의 가능성을 제대로 보고 노력한다면 새 생명은 폐허에서도 솟아오를 수 있다.

실패가 끝이 아니듯,
폐허 역시 절대
끝이 아니다.
미래의 가능성을
제대로 보고 노력한다면
새 생명은 폐허에서도
솟아오를 수 있다.

15 제인 구달
Jane Goodall

인격을 갖추고,
이성적으로 생각하며,
기쁨이나 슬픔과 같은
감정을 가진 것은
인간만이 아니에요.

📱 유명한 동물전문가인 구달은 일곱 살에 동물학 박사학위를 땄다. 그 후에도 다른 학위를 몇 개 더 따려고 결심했다. 그래서 아홉 살에 의학 박사학위, 열한 살에 교육학 박사학위를 취득했다. 열세 살이 되었을 때 그녀는 또 하나의 박사학위를 따려고 돌아왔다. 이번엔 명망 높은 옥스퍼드 대학에서 '나는 지성과 학업에서 지나치게 앞서 있다'라는 과정을 이수하는 것이다(이것은 매우 독특한 박사과정이었다). 그리고 당연하게도 이 네 개의 박사학위를 딴 후, 침팬지에 관한 새로운 이론을 내놓기 시작했다. 구달은 곧바로 그녀의 연구 동료들로부터 전폭적인 존경을 받게 되었다.

뭐…라고?

우리가 구달에 관해 아는 한 가지는, 개인적인 포상이나 업적을 뛰어넘어 이 지구상에서 가장 이해심이 많은 사람 중 하나라는 것이다. 무엇보다 그녀는 어떻게 그 자리에 올라간 것일까? 그녀는 어떻게 해서 일생의 과제였던, 침팬지 연구에서 모두의 존경을 받는 최고 전문가가 될 수 있었을까?

1960년대 이전의 야생동물 전문가들은 침팬지에 대해서 알아야 할 것은 모두 알고 있다고 생각했다. 그들에 의하면 침팬지는 그리 똑똑한 동물이 아니었다. 침팬지는 그저 생존본능에 의지해 행동할 뿐이어서 감정이나 연대감, 학습능력이 없고, 도구를 사용할 줄도 몰랐다. 이 전문가들은 모두 학위 소지자였고 오랜 기간 공부를 했다. 그리고 최고의 대학에서 학생들을 가르치고 있었으며, 화려한 연구 업적을 갖고 있었다. 한 마디로 그 전문가들은 침팬지에 관한 모든 것을 꿰뚫고 있었다.

구달이 등장하기 전까지는.

1934년, 영국에서 태어난 구달은 제2차 세계대전을 경험하며 자랐다. 그 영향으로 일찌감치 권력과 폭력보다는 평화와 연대의 성향을 키웠는지도 모른다. 그녀가 어린 시절 확실하게 영향을 받은 것이 하나 있다. 구달은 타잔의 이야기에 빠져 있었다. 야생동물을 사랑하게 되었고, 언젠가는 아프리카 대륙의 야생동물들과 함께 살고 싶은 꿈이 있었다. 그녀가 성장할수록 이 꿈은 점점 커졌다. 그녀는 여러 가지 일을 하면서 돈을 모았고, 적당한 기회가 찾아올 때까지 기다렸다. 대학을 갈 형편이 안 되었기 때문에 구달은 비서학교에 갔다가 얼마 못 다니고 자퇴했다. 그녀의 최고학력은 고등학교 졸업이 전부였다.

구달이 스물세 살이 되었을 때 케냐에 갈 수 있는 충분한 돈을 모았다. 시기도 딱 맞아떨어졌다. 고등학교 친구 중 하나가 케냐에 살고 있었고, 그녀가 머물 수 있는 곳을 마련해 주었다.

겁먹지 않으면… 이룰 수 있다!

1920년, 줄리아 스팀슨은 미국 역사상 육군 소령에 오른 최초의 여성이었다 (그녀는 사망 직전인 1948년, 67세의 나이에 대령으로 진급하였다). 그녀는 제1차 세계대전 당시 육군 간호대에서 용감하게 복무했고, 수십 년 뒤 제2차 세계대전 중에는 간호병과 모집자로서 다시 복무했다. 육군에서는 그녀의 용맹한 복무를 기려 공로 훈장을 수여했다.

케냐는 상상했던 것보다 훨씬 좋은 곳이었다. 구달은 그곳에 완전히 마음을 빼앗겼다. 그녀는 박물관에서 일하던 인류학자 루이스 리키를 만났는데, 그를 설득해서 일자리를 하나 얻었다. 그를 보조하는 일은 그녀의 꿈이 이루어진 것과 같았다. 그녀는 그의 화석 발굴작업과 원숭이 연구와 관련한 모든 것을 도왔다. 리키의 연구는 인류의 기원을 발견하는 데 집중되어 있었다. 그에 관한 이론을 수립하는 데 도움이 될 만한 화석과 동물 들을 연구해 줄 것을 구달에게 요청했다.

1960년, 스물여섯 살이 된 구달은 탄자니아의 곰베 국립공원에 정착했다. 리키는 구달에게 국립공원에 머물면서 그곳의 호숫가에 사는 약 160마리 규모의 침팬지 무리를 연구하도록 했다.

그녀는 15년 동안 침팬지들의 행동을 관찰하고 기록하면서, 침팬지들과 사랑에 빠졌다. 그리고 그때까지 누구도 찾아내지 못했던 사실들을 알아냈다. 이전의 공식적인 연구 관행처럼 침팬지에게 번호를 부여하지 않고, 침팬지 무리와 교감하기 위해 패션이나 피피와 같은 이름을 모든 침팬지에게 붙여 주었다. 구달은 국립공원에서 연구하는 동안 침팬지에 관해 정설로 여겨졌던 것들과 완전히 반대되는 사실들을 발견하였다. 침팬지들은 실제로 도구들을 만들어 능숙하게 사용할 수 있었으며, 자신들의 사회적 구조 안에서 복잡하고도 감성적인 유대를 형성하고 있었다. 그녀는 후에 이렇게 주장했다.

"인격을 갖추고, 이성적으로 생각하며, 기쁨이나 슬픔과 같은 감정을 가진 것은, 인간만이 아니에요."

구달이 보인 깊은 존중과 공감 덕분에 침팬지 무리는 결국 화답을 하고 그녀를 자신들 무리의 일원으로 받아들였다!

구달의 연구는 소위 전문가라는 사람들의 비난의 표적이 되었다(그들은 침팬지에 관해서 모든 것을 안다고 생각했었다!). 게다가 설령 그들이 모르는 사실이 있더라도, 대학도 나오지 않은 여자가 어떻게 그 사실을 알 수 있었겠는가? 그가 누구였든 학사학위, 혹은 석사학위, 최상은 박사학위를 가지고 있어야 했다. 하지만 그녀는 침팬지 무리와 함께 지내면서 몸으로 배운, 지금까지도 최고로 인정받는 연구자료를 세상에 내놓았다! 구달 덕분에 세상은 침팬지가 인간과 놀랍도록 유사한 방식으로 감정을 느끼고 교감한다는 사실을 이해하게 되었다. 그리고 오랜 시간에 걸친 그녀의 근접 관찰방식은 오늘날의 침팬지 연구자들도 여전히 활용하고 있다.

> 인격을 갖추고, 이성적으로 생각하며,
> 기쁨이나 슬픔과 같은 감정을 가진 것은
> 인간만이 아니에요.

제인 구달

하지만 구달의 위대한 업적이 끝나려면 아직 멀었다. 그녀의 삶은 자연주의자이자 과학자에서 이제 활동가로 변모하였다. 1년에 300회 이상의 강연을 강행할 만큼 활동가로서도 열정적이다! 그녀는 자신의 이야기를 듣기 원하는 사람들이 있다면, 세계 어느 곳이든 찾아가 강연을 한다. 침팬지 보호를 위한 모금을 하며, 또한 자연 보호지구 지정을 위한 노력도 게을리하지 않는다. 그녀는 깊은 열정과 확신을 가지고 이렇게 말한다.

"저는… 생존의 벼랑 끝에 몰려 있는 침팬지들의 눈을 들여다봐요. 그들한테서 '누군가 우리를 도와줄까?'라고 말하는 게 느껴져요."

구달이 뛰어난 자연주의자, 인류학자, 활동가, 연설가, 선생님, 그리고 작가인 것을 이제 세상이 다 안다. 하지만 그녀는 또한 박사이기도 하다. 1965년, 소위 전문가라는 자들이 퍼뜨린 침팬지에 관한 신화를 구달이 무너뜨리기 시작한 후, 케임브리지 대학은 그녀에게 명예박사 학위를 수여하였다. 그녀가 대학을 다니지 않았음에도 갑자기 학위 소지자가 되었다!

만일 구달이 비아냥거리던 자들의 말에 무릎을 꿇었다면, 혹은 자신이 대학을 나오지 않아서 연구자나 강연자의 자격이 안 된다고 단정 지었다면?

다행스럽게도 구달은 학위에 연연하지 않았다. 대신 그녀는 자기 자신에게 물었고, 동물들과 함께 지내기로 했다. 꿈을 이루기 위한 자신만의 여행에서 가장 소중한 것은 자신의 신념과 열정이다. 그 과정에서 그녀는 열정이야말로 남다른 열매를 맺기 위한 가장 중요한 요소임을 증명했다. 구달에겐 대학 졸업장이 없었다. 하지만 그녀는 오랜 세월을 침팬지들과 함께 지내면서 연구했다. 그 실험의 결과로 다른 연구자들이 전혀 알 수 없던 것을, 실험실에 갇힌 연구자들은 꿈에도 몰랐을 사실들을 알아냈다. 자신의 꿈을 좇아 여인으로 성장한 한 소녀 덕분에 우리의 세상은 하나의 종 전체를 새롭게 이해할수 있게 되었다.

> 저는… 생존의 벼랑 끝에 몰려 있는 침팬지들의 눈을 들여다봐요. 그들한테서 '누군가 우리를 도와줄까?'라고 말하는 게 느껴져요.
>
> 제인 구달

언젠가 여러분이 실패해서 추락하는 것처럼 느껴질 때가 있을 것이다. 그때가 사실은 눈부신 성공의 길에 들어서는 순간일 수도 있다. 여러분이 '평범한' 길로 들어서지 않는다고 해서 꿈을 이루지 못하는 것은 아니다. 사회적 기대치로 보면 구달처럼 여러분도 '하찮은 존재'일지도 모른다. 하지만 그것을 뛰어넘거나 자신의 기대치로 바꿔 버려서 아무도 예상하지 못한 승리를 거둘 수도 있다.

'전문가'의 지위를 부여하는 자격증이 없다고, 혹은 성인 대접을 받기엔 너무 어리다고 해서 여러분이 지혜롭지 못하다는 것은 아니다! 구달이 경험한 것처럼 때로 전문가들도 틀린다! 여러분에겐 소설 속에 등장하는 인물의 시선으로, 혹은 다른 사람의 시선으로, 동물이나 그림 속 피사체의 시선으로 볼 수 있는 특별한 능력이 있을 수도있다. 그리하여 여러분은 남들이 못 보고 지나친 것을 볼 수가 있다. 여러분은 삶의 특별한 경험을 통해 자신만의 관점으로 세상과 사물을 바라보고, 그것이 무엇인지 깨닫는다. 그것을 이용하라. 이 세상에 여러분과 같은 사람은 아무도 없다!

여러분이 구달처럼 세상을 변화시키든 말든 이것만은 확실하다. 여러분은 항상 세상 일부를 바꿀 수 있다. 그 과정에서 여러분은 오히려 선생님에게 한두 가지 가르침을 줄 수 있다(내 학생들은 삶과 문학에 걸쳐 나에게 엄청나게 많은 것을 가르쳐준다). 그리고 심지어 전문가들이 이미 스스로 알고 있다고 믿는 것을 다시 생각하도록 가르칠수도 있다. 그러면 여러분은 그들에게 아직도 발견할 것들이 많다는 사실을 알려주게 되는 것이다.

실패, 다음엔 성공!

지금은 역사상 가장 천재적인 희극배우로 존경받지만, 찰리 채플린은 성공하기 전엔 별 볼 일 없는 실패자였다. 하지만 첫인상은 첫인상일 뿐! 전 세계적으로 사랑받는 채플린의 떠돌이 캐릭터는 바로 그 고난과 실패라는 '영원히 매력적인 주제'가 반영된 것이다.

16 루이스 페르난도 크루즈
Luis Fernando Cruz

'기업을 통해서
어떻게 이득을 볼 것인가?'가
아니라 오히려, '기업가로서
어떻게 사회를 개선할 것인가?'를
고민해야 합니다.

크루즈는 엄청난 부와 영원한 명예를 꿈꿨다. 그는 세계 최고의 전문가들로부터 기계공학, 컴퓨터공학, 그리고 기술학 수업을 들을 수 있었다. 또한 각 분야의 전문가들에게서 개인 교습을 받았다. 그뿐이 아니었다. 그 저명한 전문들은 크루즈가 원하기만 한다면 그의 조국 온두라스, 혹은 미국에 있는 어느 학교에서도 수업을 들을 수 있도록 보증을 서 주었다. 그는 한 번도 실패하거나 흔들린 적이 없었다. 그리고 그의 뛰어난 교육 성과와 기술을 이용해 심각한 신체적 장애를 안고 있는 사람들을 보조할 장치를 만들어 냈다. 그가 다음에 한 일은 무엇이었을까? 그 장치의 특허를 내고, 수십억 원을 벌어들였고, 그리고… 짠! 성공의 완성!

그럴 리가!

현실의 크루즈에게 성공은 이러한 요약과 완전히 반대이다. 그는 아마도 역겨워서 토하려 할지도 모른다.

그렇다면 진정한 성공은 무엇인가? 이것은 모든 문명이 수천 년 동안 줄기차게 제기한 질문이며, 많은 사람이 도달한 결론엔 비슷한 점이 있다. 부와 특권, 혹은 명예가 성공의 증거가 된다는 점이다. 하지만 한 젊은이가 성공에 관한 오래된 믿음을 뿌리째 흔들려고 한다. 크루즈는 천재적인 컴퓨터공학자이자 기업가이다. 그는 자신의 어려움과 실패를 참고 견디면서, 성공에 관한 오래된 믿음에 정면으로 도전한다.

크루즈는 1997년에 태어나 고등학교 졸업반이 될 때까지 온두라스에서 자랐다. 그는 컴퓨터공학과 발명에 남다른 열정을 갖고 있었다. 열네 살 때 평생을 컴퓨터 프로그램 개발과 로봇공학, 발명, 그리고 첨단기술 분야에서 공학적 업적을 이루는 데 바치겠다고 결심했다. 다만 한 가지 문제점이 있었는데 그것은 그를 가르칠 수 있는 선생님이 없었다는 것이다. 크루즈는 최첨단의 기술이나 컴퓨터공학 과정을 밟을 수가 없었다. 이유는 여러분의 상상과 정반대였다. 그의 가족은 너무 가난했다. 그래서 그는 선택해야만 했다. 컴퓨터공학을 포함한 꿈이 현실적이지도 않고 실현할 수도 없으니 포기하거나 아니면 자신의 길을 새롭게 찾는 것이었다.

크루즈는 후자를 선택했다. 그는 컴퓨터공학과 기계공학에 관한 모든 것을 스스로 습득할 획기적인 방법을 찾았다. 그는 《허핑턴포스트》에 보낸 글에서 이렇게 밝혔다.

"우리나라에서는 교육 과정이나 후원도 찾을 수 없었지만, 나는 컴퓨터공학과 디지털 전자공학을 독학하기로 했습니다."

그는 열여섯 살이 되었을 때 자신의 길을 스스로 찾았고, 천재성에 노력까지 더해서 꼭 만들고 싶었던 비디오게임을 개발하는 중이었다.

크루즈는 다른 사업가들과 전혀 다른 길을 걸었다. 자신의 부와 명예를 좇지 않았다. 그는 하반신 마비에 의사소통도 쉽지 않은 같은 반 친구의 사정에 깊이 자극을 받고, 자신의 방향을 다시 결정했다. 발명과 공학을 통해 무엇을 손에 쥘 수 있을 것인가 대신에 그 과정을 통해 사람들에게 무엇을 줄 수 있을 것인지를 물었다. 자신에게 던진 질문의 변화는 그의 앞길을 완전히 바꾸었고, 그 과정에서 장애로 고통받는 수많은 사람을 돕게 되었다. 크루즈의 주장은 강력했다.

"'기업을 통해서 어떻게 이득을 볼 것인가?'가 아니라 오히려, '기업가로서 어떻게 사회를 개선할 것인가?'를 고민해야 합니다."

장애가 있는 친구 덕분에 크루즈는 기술을 통해서 무엇을 이뤄야 하는지 깊이 생각하게 되었다. 크루즈는 개발 중인 비디오게임을 뒤로하고 장애인들을 위한 컴퓨터 제어시스템인 '아이보드'를 개발하기 시작했다.

심각한 신체장애가 있는 사람들은 의사소통에 큰 어려움을 겪는다. 평범한 사람들이 얼마나 쉽게 컴퓨터를 켜고, 메일을 보내고, 인터넷에서 검색하며, 또는 화상회의에 참석하는지를 상상해 보라. 하지만 키보드를 칠 수 없는 사람이라면?

크루즈는 자신의 친구처럼 신체장애가 있는 사람들을 돕는 방법들을 고안하기 시작했다. 아이보드는 그만의 독창적인 방식이었다. 아이보드가 설치된 컴퓨터의 사용자는 특정한 방향이나 방식으로 눈을 움직이는 것만으로 타자를 칠 수도, 각종 기능을 사용할 수가 있다. 눈의 정확한 움직임은 특정 자판이나 컴퓨터 기능과 연결돼 있어서, 평범한 사람들이 할 수 있는 모든 컴퓨터의 기능들을 사용할 수가 있다.

눈의 움직임과 컴퓨터의 기능들을 연결하는 기술이 아주 새로운 것은 아니었고, 크루즈가 발명한 것도 아니었다. 하지만 그는 놀라운 발전을 이루어 냈다. 그는 현재 판매되고 있는 다른 제품들보다 훨씬 적은 비용으로 아이보드를 생산할 수 있는 혁신적인 방법을 찾아냈다. 비슷한 제품들이 적게는 3~4백만 원, 많게는 수억 원을 들여야 살 수 있었다! 극소수의 부유층만이 그런 고가의 제품을 감당할 수 있음을 크루즈는 정확히 알고 있었다.

그의 반 친구 같은 사람들은 어찌하란 말인가? 장애로 인해 고통을 받지만, 최신 제품의 도움을 받기 위해 많은 돈을 낼 수 없는 사람들은 어찌하란 말인가?

'기업을 통해서 어떻게 이득을 볼 것인가?'
가 아니라 오히려, '기업가로서 어떻게 사회를
개선할 것인가?'를 고민해야 합니다.

루이스
페르난도 크루즈

그는 아이보드를 놀랄 만큼 싸게 만들기 위해 끊임없이 연구했다.

실패하면 다시 연구하기를 수없이 반복했다. 자신의 기술력을 이용해서 더 나은 사회를 만들겠다는 굳은 의지가 있었기에 포기할 수 없었다. 결과는? 그는 결국 약 35만 원 정도의 비용으로 아이보드를 만들어 냈다. 오늘날 시장에 나와 있는 동종의 다른 제품들과 비교해 10분의 1도 되지 않는 가격이다! 그는 기적 같은 방식으로 아름다운 업적을 세우는 데 성공했다. 돈을 많이 벌 생각보다는 남에게 도움을 줄 생각을 고집했기에 가능했던 일이었다. 특별히 멋지고 감동적인 이야기가 있다. 크루즈는 지금 약 120만 원을 아이보드 연구에 투자했는데, 오늘날에는 그의 이야기를 듣고 도움을 주고 싶은 전 세계의 사람들이 소액의 기부금을 그에게 보낸다.

아이보드는 세상을 더 나은 곳으로 만들려는 의지가 있어서 가능했던 공학의 성과인 것이다. 그런데 크루즈가 거기서 그의 의지를 버리고, 자신의 회사를 차려 떼돈을 벌었다고? 어림 반 푼어치도 없는 얘기다.

그렇다. 어떤 종류의 기업가이자 발명가가 될 것인가를 결정해야 할 때, 그는 특허를 받아 아이보드를 시장에 내다 파는 사업에는 몰두하지 않겠다고 마음먹었다. 대신에 그는 무료로 정보를 공유하기로 했다.

무료로.

많은 사람이 갑부가 되는 것을 최고의 성공이라 여기고 있다. 하지만 크루즈에게 성공이란, 최대한 많은 사람이 아이보드를 사용할 수 있게 만드는 것이었다. 자신의 반 친구와 같은 사람들이 꿈도 못 꾸었던 방식으로 컴퓨터를 사용하고, 사람들과 소통할 수 있게 되는 것이 성공이었다.

그는 아이보드를 공개 소프트웨어로 만들었고, 생산하는 데 필요한 모든 과정과 재료를 공유했다. 심지어 그는 제품 소개를 위해 특별한 동영상도 올렸으며, 모든 정보를 무료로 풀었다.

어디에 있는 누구라도 크루즈가 얼마나 열심히 노력했는지, 또한 지금도 노력하는지 정확히 알 수 있게 되었다. 다른 사람들과 마찬가지로 실패와 반복된 재도전은 성공의 밑거름이 되었고, 그가 생각하는 성공의 핵심적인 부분이었다. 그리고 현재 그는 전기공학을 열심히 공부하고 있다.

크루즈는 컴퓨터공학을 배우고 그의 꿈과 희망을 이루지 못할 뻔한 상황을 이겨냈다. 그리고 많은 시행착오를 견디면서 아이보드를 창조했고, 그것을 이용해 돈을 벌 생각 대신에 세상에 무료로 풀었다. 그는 우리에게 불가능해 보이는 상황을 꿋꿋하게 헤쳐나가는 것뿐 아니라, 우리의 꿈과 목표를 내려놓지 말 것을 요구한다. 또한 성공에 대한 시야를 넓히라고 한다.

여러분에게 성공이란 무엇인가? 수많은 혹은 몇 안 되는 친구들을 사귀는 것인가? 학교에서 공부나 운동을 잘하는 것인가, 아니면 둘 다 잘하는 것인가? 주변 친구들과 잘 어울리면서도 책 속에 푹 빠지고 싶은가, 혹은 학교에서 하는 연극 공연으로 주목을 받고 싶은가?

이제 좀 더 넓은 시야로 성공을 바라보자. 어떻게 하면 나의 성공이 타인의 성공도 될 수 있을까? 성공으로 혼자만 이익을 볼 게 아니라, 어떻게 하면 사회에 되돌릴 수 있을까? 여러분의 사교성 높은 성격을 이용해 수줍은 사람들의 친구가 되는 건 어떤가? 여러분의 뛰어난 수학 실력을 이용해 방과 후에 어린 후배들을 가르치는 건 어떤가? 성공에 관한 여러분의 관점은 타인의 삶까지도 좋게 만드는 것으로 확장될 수 있다.

여러분이 성공을 어떻게 보든, 또한 어떤 방식으로 이 세상에 풀어내든, 이것만은 기억하라. 성공의 틀을 벗어나 다른 사람들도 같은 일을 할 수 있도록 기회를 준 크루즈의 이야기를 마음에 담아 두어라. 세상일은 모르는 법이다. 여러분이 준 그 기회를 잡은 다른 사람이 다음번엔 여러분의 세상을 개선해줄지….

실패, 다음엔 성공!

빌 게이츠는 마이크로소프트의 설립자이자 컴퓨터 천재였지만, 하버드 대학을 중퇴했다. 그것이 그의 위대한 업적을 막았을까? 전혀! 기술 분야에서의 엄청난 기여를 넘어 현재 그와 아내는 '빌과 멜린다 게이츠 재단'을 통해 세상 사람들의 삶을 좋게 만들기 위한 기금을 조성해 운영하고 있다.

에밀리 로블링 Emily Roebling

19세기 중후반, 미국은 슬프게도 여자들의 교육에 큰 가치를 부여하지 않았다. 하지만 이 사회적 악습이 에밀리 로블링을 막지는 못했다. 오빠 중 한 명이 그녀의 재능과 열정을 알아본 덕택에 로블링은 학교에 다닐 수 있었다. 그녀가 입학한 학교는 대수학과 지리학, 그리고 역사에 엄격한 기준을 가진 곳이었다. 어린 시절의 교육은 로블링의 삶 전체에 큰 도움이 되었고, 결국 문화적, 사회적 장벽을 깨고 1899년 56세의 나이에 하버드 대학에서 법학 학위를 받을 수 있었다. 하지만 훨씬 오래전에 그녀는 이미 공학자로서의 뛰어난 업적을 이루었다.

그녀는 1865년 교각 기술자였던 워싱턴 로블링과 결혼했다. 워싱턴의 아버지인 존 또한 교각 건축가이자 기술자였다. 그는 아들과 며느리에게 감압증(오늘날 잠수부들 사이에서 잠수병이라 불리는)을 앓고 있는 교각 기술자들의 수와 그 원인을 조사하라고 요청했다. 그 와중에 그는 뉴욕의 맨해튼과 브루클린 사이를 흐르는 이스트 리버 위에 놓일 역사적인 브루클린 브리지의 최고 기술자직을 맡았다. 그러나 1869년, 존이 갑자기 사망하자 워싱턴이 잠깐 그 자리를 이어받아 교각의 건설을 지휘하게 되었다. 하지만 얄궂게도 워싱턴은 건설 도중에 감압증에 걸렸고, 교각이 완성될 때까지 현장 밖에서 치료를 받고 있어야 했다.

그 곤경을 벗어나기 위해 남은 사람은? 당연히 그녀였다!

로블링은 남편이 병상에 있어 할 수 없는 일들을 완성해 가기 시작했다. 계산하는 일과 건설 중의 중요한 결정을 내리는 일 외에도 외부 행사에서 연설까지 맡았다. 비록 오늘날까지도 그녀가 교각 건설에 참여한 것을 과소평가하는 사람들이 있지만, 그녀는 교각이 완성될 때까지 남편과 기술적인 연락을 지속해서 주고받았다. 실제로 그녀가 교각 건설에 관해 워낙 아는 것이 많아서, 당시의 많은 사람은 남편이 아닌 그녀가 실제적인 감독관이 아니었는지 의심하기도 했다.

이 경우처럼 때로는 사회가 위대한 사람을 조명하는 데 실패하기도 한다. 브루클린 브리지의 건설에서 로블링의 역할이 아직 어느 정도 가려져 있지만, 마땅히 받아야 할 주목을 서서히 받는 중이다.

17 앵 리 (리안)
Ang Lee

항상 안을
기웃거리고 있는
아웃사이더 같았죠.

리는 전도유망한 나이인 태어난 지 9일 만에 그의 첫 카메라를 집었다. 그는 카메라를 빈틈없이 조작했으며, 태어난 지 32일이 되었을 때 15분짜리 첫 영화를 만들었다. 3개월이 되었을 때는 주기적으로 장편영화를 제작했으며, 유명한 배우들과 작업을 하고 있었다. 그의 삶의 목표가 무엇인지 잘 모르거나 의심한 사람은 아무도 없었다. 리는 그렇게 감독으로 살아왔으며 한 번도 자신의 길과 능력에 의문을 가져본 적이 없다.

농담이 너무 지나치네!

오히려 이런 장면을 그려보자. 여러분의 아빠가 여러분 학교의 교장이다. 아무리 공부해도 성적은 형편없고, 열심히 하지 않는다고 늘 혼난다. 더 열심히 노력해 보지만 전혀 따라잡지 못하고, 교장실에 불려가는 게 일주일 내내 반복되는 일상이다! 교장실을 벗어나야 학교의 일과가 드디어 끝난다. 짐작이 가는가? 하지만 집에 가서 만나는 건 여러분에게 같은 얘기를 반복하려고 준비하고 있는 똑같은 교장 선생님이다. 그러나 이번엔 여러분을 군소리와 실망감으로부터 살려줄 종이 치지 않는다.

이것이 아카데미 감독상을 두 번이나 차지한, 또한 아직도 영화와 그 이야기 전개 방식을 끊임없이 새롭게 탐구하는 리의 어린 시절이다. 흥미로운 점은 그가 아카데미상을 받은 최초의 아시아인이라는 점이다. 그에게 첫 감독상을 안긴 영화는 2006년 작품 〈브로크 백 마운틴〉이다.

1954년 대만에서 태어난 리의 성장 과정은 쉽지가 않았다. 그는 뛰어난 성적을 원하는 아버지를 만족시키기 위해 노력을 많이 했지만, 뜻대로 되지가 않았다. 그의 아버지는 오랫동안 교장 선생님으로 재직했고, 후엔 대학교수가 되었다. 그는 아들이 자신의 발자취를 따라오기를 원했으나, 리가 학교에서 활기가 없고 학업에 흥미조차 없어서 그 꿈은 무너졌다. 고등학교를 졸업한 리는 대학 입학시험에 떨어진 후 정식 학위 없이 연기를 공부하는 3년제 대학에 들어갔다. 그의 아버지는 수치스러워했지만 리는 그것을 자랑스러워했다. 무대 위에 서는 것은 너무 매력적이어서 큰 기쁨과 자유를 느꼈다. 그는 그 학교에서 이야기를 무대 위에서 생동감 있게 보여 주는 예술에 대한 열정을 평생 간직하게 되었다.

리의 삶에 하나의 전환점이 찾아왔다. 그는 대만 남자들의 필수인 군 복무를 마치고 1978년에 미국으로 건너갔다. 미국에서 일리노이 대학을 졸업했는데 그의 전공은 연극이었다. 그 경험은 연극과 영화

절망에서 정상으로!

배우 윌 페럴은 대학을 졸업하고 집으로 돌아왔다. 목표도 없었고, 뭘 해서 먹고살지도 확실치 않았다. 〈새터데이 나이트 라이브〉의 진행자로 고용된 뒤에도 그의 일에 대해 비난하는 편지와 평가 들이 쇄도했다. 하지만 우리는 이 이야기의 결말을 안다! 감사하게도 그는 그런 말들을 무시했다. 그러지 않았다면 우리는 영화 〈엘프〉를 볼 수 없었을 것이다.

를 향한 그의 열정에 불을 댕겼다. 그는 뉴욕 대학의 영화학교에 입학해서 석사학위를 땄다(그 기간 그는 미래의 아내인 제인 린을 만나 사랑에 빠졌다). 연극이나 영화계에서 일하고 싶은 그의 열정과 결심이 폭발하듯 치솟아서, 그는 경쟁이 치열한 그 시장에 발을 딛기 위해 영화 시나리오들을 쓰고 단편 영화들을 만들었다. 하지만 리가 후에 깨달았지만, 열정을 갖는 것과 삶으로서의 길을 찾는 것은 전혀 다른 것이었다.

앵리

> 항상 안을 기웃거리고 있는
> 아웃사이더 같았죠.

거기에 더해 리는 자신의 정체성에 혼란을 느꼈다. 미국에서 배우나 영화감독으로 성공하는 데 필요한 영어를 능숙하게 구사하지 못한다고 느꼈기 때문이었다. 그는 계속 영화계에서 일자리를 찾는 동안 대만으로 돌아가는 것이 성공의 길이라고 확신하게 되었다.

그럴 즈음 1984년에 그와 제인은 결혼하고 첫째 아들 한을 낳았다. 대만인과 미국인이라는, 두 문화의 삶은 그와 가족의 여정에 혼란을 주었다. 고향인 대만으로 돌아갈 때인가, 아니면 미국을 집으로 삼을 것인가? 자신은 진정 어느 쪽에 속해 있는가? 어디라면 꿈을 좇아 성공할 수 있을까? 한 인터뷰 기사에서 리는 그 시절에 대해 이렇게 말했다.

"항상 안을 기웃거리고 있는 아웃사이더 같았죠."

리는 대만으로 돌아갈 때라고 확신하고, 대만에서 최선을 다해 영화를 만들자고 결심했다. 아직 1984년이었고, 짐까지 다 싸놓았다. 하지만 그때, 뜻하지 않은 운명이 찾아왔다. 모든 짐을 대만으로 부치기 전날 밤 9시 30분에 그는 전화 한 통을 받았다. 발신자는 뉴욕 대학이었다. 그가 졸업 작품으로 출품한 영화가 명예롭게도 뉴욕 대학의 최우수 감독상에 선정됐다는 소식이었다.

그와 제인은 그 소식을 뉴욕을 떠나지 말라는 하늘의 뜻이라 여겼다. 미국에서 시나리오 작가이자 영화감독으로 자신의 길을 찾으리라 다짐했다.

리가 시나리오를 쓰면서 영화를 모색하는 동안 제인은 병리학 교수로 재직하면서 가족을 부양했다. 둘째 아들이 태어났을 때 그는 집에서 아이들을 돌보기로 했다. 그 시절(1980년대)엔 굉장한 결정이었는데, 특히 교육계에서 큰 성취를 이루어야 한다고 엄하게 야단을 쳤던 그의 아버지라면 있을 수 없는 결정이었다. 그런데도 리는 전업주부 남편이라는 그의 새로운 역할을 군소리 없이 받아들였다. 아이들과 하나가 됐던 그 6년은 놀라울 만큼 유익한 기간이었다. 자신의 아버지로부터 받은 실망감들을 떨쳐 낼 수 있는 마음을 키운 시기이기도 했다.

리는 그 기간이 어떻게 그토록 중요한 시간이 되었는지 묘사하였다.

"지금 되돌아보면, 운명이었던 것 같아요. 나는 준비가 덜 돼 있었어요. 나는 늦게 꽃이 피는 스타일이라 시간이 많이 필요했죠. 그래서 꿈을 가져라, 너무 따지지 말고!

세계 최고의 인기 여가수 레이디 가가는 데프 잼과 첫 앨범 작업을 했다. 하지만 3개월 후 회사는 그녀를 별 볼 일 없다고 여겨서 계약을 해지했다. 다행히 그녀는 노래를 멈추지 않았고, 이후 줄곧 음악인뿐 아니라 열정적인 활동가가 되었다.

그 6년 동안 나는 성장했어요. 아무 일도 안 했지만, 내부로부터 성장하고 있었죠."

그 기간을 무의미하고 버려진, 그래서 아버지의 말마따나 아무것도 이루지 못할 실패자의 증거라고 여기지 않고, 리는 다가올 성장이라는 미래에 거름을 주는 것이라고 느꼈다.

그리고 드디어 기념비적인 작품! 7년의 세월이 지난 후, 1991년에 리는 드디어 〈쿵후 선생님〉이라는 영화로 첫 성공을 맛보았다. 영화는 대만 정부의 후원을 받은 영화경연대회를 통해 탄생하였다. 그 2년 뒤에 나온 두 번째 작품 〈결혼 피로연〉은 아카데미 외국어 영화상의 후보로 지명되었다. 그래도 뉴욕을 서성이며 보낸 세월, 아이들을 돌보면서 쉼 없이 시나리오를 써서 영화사에 들이밀었던 그 세월은 항상 그의 마음속에 새겨져 있었다. 그는 대본이 받아들여지지 않던 그 시절을 이렇게 떠올렸다.

"포기하지 않고 시나리오들을 제출했어요. 거의 모두 거절당했고요… 제인과 내게 가장 견디기 힘든 시기였어요."

미국에 사는 대만인이었던 리는 1980년대 말 영화제작자의 일률적인 틀에 잘 맞지 않았고, 영화제작자로서 성공하는 데 필요한 언어와 자신감도 갖지 못했다고 느꼈다. 하지만 다른 두 문화를 붙잡고 씨름한 그 경험들은 그가 추구했던 모든 작품에 생생하게 녹아들었다. 그의 방황은 새로운 방향으로 그를 이끌었다. 1995년에 영어로 제작된 그의 첫 할리우드 대작 〈센스 앤 센서빌리티〉 이후로 그에게 후퇴란 없었다. 〈브로크 백 마운틴〉으로 2006년에 첫 번째 아카데미상을, 2013년엔 〈라이프 오브 파이〉로 두 번째 아카데미상을 거머쥐었다. 리는 지금도 우리가 쉽게 빠져들기 쉬운 편견에 의문을 제기하게 하는 영화들을 만들고 있다. 그의 영화에는 숨 막히게 아름다운 장면들과 복잡한 배역들, 그리고 그의 삶처럼 평범하지 않은 이야기들이 가득하다!

> 나는 준비가 덜 돼 있었어요. 나는 늦게 꽃이 피는 스타일이라 시간이 많이 필요했죠. 그래서 그 6년 동안 나는 성장했어요. 아무 일도 안 했지만, 내부로부터 성장하고 있었죠.

앵 리

여러분은 자신의 작품을 타인들의 작품과 비교해 보고 그들만큼 잘하지 못한다는 생각에 스스로 패배자라 여기는가? 제출된 글에 점수를 매겨 돌려줄 때마다 나는 학생들이 몰래 친구들의 점수를 훔쳐보는 것을 안다. 교실에서 자신의 점수를 남들과 비교하지 말라고 아무리 얘기해도 그렇다.

남들과 비교하는 것으로 우리의 정체성을 찾으려는 데는 다음과 같은 큰 위험성이 있다.

우린 아직 멀었어!

하지만 여러분은 아직, 누구도 대신 갈 수 없는 길을 가면서 최고의 자신을 찾는 과정에 있는 것이다. 현재의 우리 모습을 불확실한 미래와 연결해 버리면 매우 제한적이고 잘못된 비교를 끌어내게 된다. 그 비교는 보통 부끄러움과 강박에 차 있다. 여러분이 가진 찬란한 꿈들은 이제야 땅속 깊은 곳에서 싹을 틔우고 있을 수도 있다. 당연하게 들릴 수 있지만, 그것이 사실이다. 리는 우리에게 기다리고, 생각하고, 성장하고, 사랑하는 이들을 돌보는 것이 버려진 시간이 아님을 보여 줬다. 그 시간은 미래에 도달할 우리의 자화상을 위한 투자이며, 마음속 깊이 열망하는 꿈에 다가가는 과정이다.

때로 우리는 길을 찾기 전에 한동안 방황하기도 한다. 또 다른 통찰력의 예를 들어 보자. 널리 알려진 『반지의 제왕』 3부작의 작가인 톨킨은 리의 삶에 숨결을 불어넣어 준 그 감성을 예리하게 잡아냈다.

"방황한다고 길을 잃는 것은 아니다."

리는 아버지가 생각하는 성공을 거부했기 때문에 자신의 성공을 이룬 것이다. 뉴욕에서 6년 동안 방황의 시간을 보냈기 때문에 자신이 어디에 속한지를 알았다. 그가 아내와 아들들을 깊이 배려했기에 관객을 전율케 한 사랑과 꿈을 향한 열망을 영화 속에서 그려낼 수 있었다.

그는 성공을 찾는 과정에서 실패뿐만 아니라 방황의 시간도 있어야한다는 것을 보여 줬다. 현재 아무것도 이루지 못했다고 실패를 의미하지는 않는다. 그저 아직 우리가 꽃을 피울 준비가 되어 있지 않음을의미할 뿐이다. 믿어도 좋다. 언젠간 준비가 되어 있을 테니까. 와우!

회복하고 다시 일어나라!

월트 디즈니는 영화와 여행, 그리고 예술의 왕국을 세웠다. 하지만 자신의 기획이나 예술품이 회사를 운영하는 데 필요한 수익을 내지 못해 오랫동안 재정적으로 어려움을 겪었다. 그는 심지어 상상력이 부족하다는 이유로 초기 직장인 신문사에서 해고되기도 했다. 상상이 가는가?

18 로비 노박
Robby Novak

마이클 조던이
일찍 그만뒀다면 어찌 되었을까요?
영화 〈스페이스 잼〉을 만들지 않았을
텐데, 전 그 영화를 너무 좋아하거든요.
여러분의 〈스페이스 잼〉은
무엇인가요?

📱 젊은 사람이 유튜브 스타가 되려 할 때, 그에게 필요한 것은 탁월한 마케팅 능력과 전문적인 촬영기사들, 그리고 막강한 인맥과 막대한 재산을 가진 가족뿐이다. 특별히 꼬마가 세계적인 유튜브 스타가 되기 위해서는 위의 것들에 완전히 집중해야 한다. 꼬마다울 시간도, 재미있을, 혹은 상처받는 것을 견딜 시간 따위는 없다. 절대로!

실제로 진실은 엄청나게 다르다.

세계적인 유튜브 스타이자 감동을 주는 노박의 경우는 특히 더 그렇다.

아마 여러분은 그가 겨우 아홉 살 때 만든 중독성 강한 영상을 본 적이 있을 것이다. 아니면 늦게라도 꼬마 대통령이라 불리는 어린 친구가 진짜 대통령인 오바마, 대스타인 비욘세를 인터뷰한 영상들을 보았을 것이다. 혹은 그의 명랑하고 아름다운 영상들을 아직 본 적이 없을 수도 있다(참고: 영상을 보기 위해 내 글 읽는 것을 멈추라고 한 적이 없다. 하지만… 지금 당장 읽기를 중단하고 유튜브에서 'Kid President' 영상을 찾아보시라!).

4천만 뷰 이상의 꼬마 대통령 영상은 용기도 북돋고 전염성도 높다. 그는 지혜와 따뜻함, 재미와 열정을 나누어 사람들이 꿈을 좇도록 돕는다. 하지만 그의 이야기엔 어느 날 그저 영상을 찍어서 인터넷에 올린 그 이상의 사연이 있다. 노박은 거대한 장애물들과 직면했고, 현재도 직면하고 있다. 만일 그가 매일 그것들을 무시하고 앞으로 나아갈 결심을 하지 않는다면, 영원히 성공하지 못하도록 방해할 장애물이었다.

중독성 있는 많은 영상에서 노박은 뜨거운 열정을 갖고 이야기를 한다. 그의 함박웃음, 호들갑스러운 유머, 그리고 긍정적인 생각은 화면을 뚫고 시청자들에게 바로 닿는다. 그는 사람들에게 무슨 일이 있어도 절대 포기하지 말라고 힘을 불어넣는다. 여러분은 이렇게 생각할지도 모른다.

겨우 아홉 살인데 무슨 장애물들과 직면했다는 거야?

장애물이 아주 많다.

2004년, 노박은 골형성부전증을 안고 태어났다. 뼈가 너무 약해서 사소한 충격이나 압박에도 골절이 되는 병이다. 뼈가 너무 쉽게 부러지기 때문에 그가 하는 모든 행동에 영향을 미쳤다. 게다가 그것 때문에 수많은 수술을 견뎌내야 했는데, 몸 안에 있는 많은 뼈가 최소한 한 번 이상 부러졌다.

미국에서 골형성부전증은 매우 희귀한 병으로 전문가들은 약 25,000명에서 50,000명 정도의 환자가 있는 것으로 예상한다. 로비와 그의 누나 렉시 모두 같은 병을 갖고 있다. 한번은 둘이 자전거를 타다가 서로 부딪쳤다. 골형성부전증이 없는 사람이라면 한두 군데 긁힌 정도였겠지만, 렉시는 다리 골절상을 입었다. 종종 골형성부전증 환자는 가만히 있는 와중에도 뼈가 부러질 수가 있다. 뼈에 충분한 힘이 없으므로 앉아 있다가 몸을 일으키는 정도의 압력에도 뼈가 부러질 수가 있다.

빅터 프랭클은 오스트리아의 신경학자이자 정신과 의사이다. 그는 나치의 강제수용소에서 살아남았지만, 가족의 대부분을 잃어버렸다. 그는 극단의 절망과 희망 사이에서 선택해야 했고, 후자를 선택했다. 살아갈 힘과 희망으로 가득 찬 책 『죽음의 수용소에서』를 썼고, 그 책은 1천만 부 이상 팔렸다. 최악의 상황에서 인간미를 본 그는 그 속에서 희망을 다시 얻었다.

무수한 골절과 수술, 그리고 긴 병원 생활을 견디는 것은 결코 쉬운 과정이 아니다. 여러분은 병원에 입원한 적이 있는가? 있다면 며칠이나 있어 봤는가? 입원하고 있을 때 느낌이 어땠는지? 입원 기간이 몇 주 정도 늘어난다면? 드디어 치료가 끝나서 퇴원할 수 있게 되었는데, 그것이 끝이 아니라면? 조만간 또 다른 수술을 받아야 하고 수액도 맞으며, 중환자실까지 들어가야 한다면?

이것이 노박의 삶이다. 수많은 부상과 수술이 그의 일상이다. 그가 이러한 상태를 실패로 받아들였을까? 절대! 대신에 반복되는 부상, 그리고 골형성부전증과 맞서는 투쟁까지도 그가 전할 메시지를 특별하게 보이도록 만들었다. 인기 폭발의 영상에서 그는 말한다.

"마이클 조던이 일찍 그만뒀다면 어찌 되었을까요? 영화 〈스페이스 잼〉을 만들지 않았을 텐데, 전 그 영화를 너무 좋아하거든요. 여러분의 〈스페이스 잼〉은 무엇인가요?"

노박은 일이 잘 안 풀린다고 그만두는 것을 싫어했고, 사람들에게 영감을 불어넣자고 작정했다. 그의 매형인 브레드 몬태규와 2012년에 영상을 만들자, 그 효과는 빠르게 퍼져 나갔다. 몬태규에 의하면 노박은 불굴의 정신의 소유자이며, 함께 웃으며 새로운 것을 만들기를 좋아한다. 노박은 이 자유로운 즐거움을 다른 사람들과 나누는 방법을 찾고자 했다. 몬태규의 집에 있는 장비를 사용해서 둘은 긍정의 힘과 희망을 온 세상에 전파하기 시작했다.

다음 해에 노박은 아프리카계 미국인이 시민권을 쟁취하기 위해 모였던 '워싱턴 행진'의 50주년 기념행사에서 연설할 기회를 얻었다. 또한 미국 남자 대학농구단 선수들과 방송에 초대 손님으로 등장하기도 했다. 심지어 그는 비욘세, 오바마 대통령, 조쉬 그로반도 만났다! 하지만 그의 영향력은 거기서 끝나지 않았다. 2015년에 노박과 몬태규는 《뉴욕 타임스》의 베스트셀러로 선정된 『멋짐에 대한 꼬마 대통령의 안내서』를 함께 펴냈다.

> 마이클 조던이 일찍 그만뒀다면 어찌 되었을까요? 영화 〈스페이스 잼〉을 만들지 않았을 텐데, 전 그 영화를 너무 좋아하거든요. 여러분의 〈스페이스 잼〉은 무엇인가요?

꼬마 대통령,
로비 노박

두 사람의 경이로운 성과에도 불구하고 노박의 골형성부전증은 멈추지 않았다. 2013년, 노박이 아홉 살이 되었을 때 이미 70번의 골절을 겪었다. 70번! 내 평생에 골절이라곤 단 두 번 겪었다. 둘 다 농구 시합을 하다가 코뼈가 부러진 것이었다. 경기하다가 쉬어야 한다는 것과 코 보호대를 착용해야 하는 것 때문에 투덜거렸던 기억이 난다. 그 두 번의 골절은 내게 고통과 짜증을 남겼다. 단 두 번이었다. 70번의 골절을 겪는다는 것은 상상도 할 수 없다. 그에게는 한 번의 골절이 치료되면 다른 골절이 곧 뒤따랐다.

노박은 골형성부전증과 싸우는 것을 편하게 받아들이기로 했다. 그것 때문에 우울해하고, 두려움에 떨고, 매일 고통과 마주하는 상황에 화를 낼 수도 있었다. 하지만 그는 희망을 움켜쥐고 용기 있게 세상에 기쁨과 격려를 보낸다.

하지만 노박은 세상으로부터 기쁨과 격려를 늘 받지는 않는다. 골형성부전증 때문에 괴롭힘을 받아왔다. 그에 관한 조롱은 육체적인 것이었고, 매우 잔인했다. 하지만 그는 골형성부전증에 대처하는 것과 똑같은 방식, 즉 믿음과 의지로 그 괴롭힘에 대처한다. 괴롭힘 때문에 침묵하지 않고 오히려 목소리를 높인다. 괴롭히는 사람들에게 승리의 쾌감을 주는 대신 사랑과 포용의 용감한 메시지를 지속해서 보낸다. 또한 그는 사람들에게 괴롭힘에 대처하는 법을 알려 준다.

"여러분, 내가 도와드릴게요. 선생님께 가서 말하세요."

노박은 특별한 재치와 열정으로 그의 삶과 신념을 사람들과 널리 나눈다. 육체적 고통, 혹독한 치료과정, 그리고 학교에서의 괴롭힘에 굴복하지 않고 그 모든 것을 극복하기로 했다. 극도로 절망하고 지쳤을 때가 있었지만(그도 어쨌든 인간이므로), 오랫동안 주저앉지 않으려 힘썼다. 그는 남들에게 용기를 주는 것을 목표로 삼았기 때문에, 희망과 사랑을 최고의 신념으로 간직하기 위해 노력한다. 그래서 마음 깊은 곳으로부터 그 목표를 실행하며 사는 것이다.

여러분은 어떠한가? 여러분을 가로막는 장애물들을 어떻게 용기와 사랑, 그리고 확신으로 바꿀 수 있는가? 여러분이 쓰레기 더미에 빠진 듯한 느낌이 들 때, 그곳을 빠져나오게 하는 것은 무엇인가? 다음에 누군가 힘든 나날을 보내고 있을 때, 그 사람이 여러분처럼 헤쳐 나올 수 있도록 무엇을 할 수 있는가?

확신이 없을 때는 꼬마 대통령이 말한 것을 실행에 옮겨 보시라. 그의 뼈는 그를 지속적으로 좌절하게 만들 수도 있다. 친구들이 자주 그를 괴롭힐 수도 있다. 하지만 노박이 전하는 인내와 확신, 그리고 사랑은 막을 수가 없다.

굽히지 않는 용기를 가져라!

영화 〈스타워즈〉에서의 다스 베이더의 목소리와 〈라이온 킹〉에서의 무파사의 목소리를 들어 본 적이 있는가? 이 두 목소리를 연기한 사람은 웅변의 달인 제임스 얼 존스이다. 그는 감미로운 목소리로 세상의 찬사를 받았다. 하지만 어린 시절 그는 말을 더듬는 것 때문에 항상 놀림감이 되었고, 여덟 살부터 열세 살까지 입을 닫고 살았다. 〈스타워즈〉에 나오는 외계 종족 우키보다 상상하기 어렵다.

지아드 아메드 Ziad Ahmed

2017년, 겨우 열여덟 살에 지아드 아메드는 오바마 대통령을 만나기 위해 백악관을 3번이나 방문했다! 2013년, 그가 십 대들을 위한 단체(다시 저항하라, redefy.org)를 만들었을 때 세간의 시선을 끌었다. 그 단체의 목적은, '과감히 고정관념에 저항하고, 새로운 것을 수용하며, 우리의 관점을 바꾸고, 살아 있는 사회를 만드는 것'이다. 그는 또한 십 대가 중심인 자문회사의 공동 설립자 중 하나였다.

젊은 방글라데시계 미국인이며 이슬람교도인 아메드는 이슬람교도에 대한 문화적 편견을 거부했으며, 작가이자 강연자로서 말의 힘을 무기로 삼아 차별과 맞서 싸우고 있다(그는 벌써 글로벌 특강 프로그램인 TED에서 4번이나 강연을 했다!).

2016년 11월, 도널드 트럼프가 미국의 대통령에 당선되자 아메드는 두 살배기 여동생에게 보내는 신랄한 편지를 《허핑턴포스트》에 실었다. 그 편지에서 두려움과 편견에 사로잡힌 사람들이 여동생의 입을 막고, 조롱하며, 상처를 줄 때가 있겠지만, 그럴 때 오히려 그들을 무시해야 한다고 말했다.

"네게 침묵하라고, 정치적이지 말라고, 또한 현실에 만족하라고 강요하는 사람들이 있을 거야. 그들에게 굴복하면 안 돼.

불확실함을 마주하고도 깨어 있어야 한단다."

이 편지를 쓸 당시 그는 스탠퍼드 대학의 신입생이었는데, 독특한 입학지원서를 제출해서 합격하였다. '여러분이 중요시하는 문제는 무엇이며, 그 이유는?'이라는 질문에 아메드는 '흑인의 생명도 중요하다'라는 문구를 100번이나 써넣었다. 왜일까? 그에게는 '이슬람교도가 되는 것은 흑인의 친구가 되는 것'을 의미하기 때문이다.

때로 사람들은 여러분이 실패하기를 바라는 말을 한다. 여러분의 생각이 자기들과 다르거나 여러분이 기존의 질서를 바꾸려 하므로 사람들은 여러분의 입을 틀어막으려 할 수도 있다. 하지만 아메드가 여동생에게 말했듯이, 그들에게 굴복하면 안 된다! 이 세상에는 여러분의 역할과 여러분이 해야 할 일이 있다. 여러분이 박애와 정의를 위해 목소리를 높일 때 사람들이 여러분을 무너뜨리려 할 것인데, 이 점을 꼭 명심하라. 여러분이 세상에 펼치고자 하는 선함 때문에 그들이 화를 낸다면, 그것은 여러분이 마땅히 가야 할 올바른 길을 가고 있음을 의미하는 것이다.

맺는 말

이 책을 소개하면서 내가 어떤 성장기를 거쳤는지, 그리고 그 후 얼마나 변했는지 설명했다. 그리고 여러분에게 그 실패의 시절 이후 일어났던 멋진 일들을 알려 줬다. 맞는가? 깨끗한 환경에서 공부했고, 선생님이 되었고, 남편이자 아빠, 그리고 작가가 되었다. 모든 게 훌륭하고 신나는 일이다.

그런데 미처 말하지 못한 것이 있었다. 내가 성인이 되어 훨씬 강하고 슬기로운 사람이 된 후에도 여전히 실패를 경험했다.

그렇다. 실패하기 때문에 사람인 것이다. 우리는 실수를 저지르거나 엄청난 도전에 직면하고, 여행 중에 성급히 뛰다가 돌부리에 걸려 넘어지기도 한다. 하지만, 부끄러워할 것이 아니라 성장을 위한 기회로 삼을 일이다. 그리고 우리의 성장엔 멈춤이 없다는 것이 진정 경이로운 사실이며, 그래서 실패에도 멈춤이 있을 수 없다.

서른 살에 나는 아내인 제니퍼, 큰아들 타일러와 함께 영국의 요크로 이사했다. 아내가 사회학 박사학위를 딸 때까지 그곳에 살아야 했다. 나는 낮에는 아이를 돌보고 밤에는 글을 썼다. 나는 작가로 성공하고, 아내는 학위를 딴 뒤 학생들을 가르치는 게 우리의 계획이었다. 그러면 생계 걱정 없이 집도 장만하고, 마음껏 먹을 수도 있었다. 굉장한 계획이지 않은가?

모험!

위험 감수!

기회!

문제가 하나 있었다. 짐작이 가시나?

여러분의 짐작이 정확하다. 실패가 고개를 쳐들었고, 어디서도 내가 쓴 글들을 받아 주지 않았다. 나는 소설을 쓰고, 쓰고, 쓰고, 또 썼다. 그리고 거절, 거절, 거절, 또 거절이었다. 통장의 잔액은 비어가고, 나는 가족을 부양하기 위해 무슨 일이든 하려고 했다. 제니퍼는 학위를 따고 나서 대학에서 두어 개의 강좌를 맡았고, 나도 지역의 학교에서 주 1회 저녁에 성인들을 대상으로 공개 강연을 할 수 있었다. 하지만 그것으로는 생활이 되지 않았다.

나는 여러 곳에 입사지원서를 냈다. 그런데 결과는? 어디서도 나를 받아 주지 않았다. 내가 지원했던 교육 기관들에서는 영국에서 발행된 증명서를 요구했다. 미국 매사추세츠 주의 증명서는 무용지물이었다. 하지만 영국의 증명서를 발급받을 수 없었다. 돈이 없었다!

어쨌든 나는 일을 얻기 위해 어디든 지원했다. 비서, 수위, 식당 일까지. 내가 두 개 이상의 취업 제안을 받던 시절(내가 당연하게 여겼던 시절)과 달리 아무도 나를 원하지 않았다.

완전한 무의 상태.

특히 힘들었던 어느 날 아침이 떠오른다. 타일러가 세 살이 되던 때였다. 우리 가족의 통장 잔액이 고작 2만 원이었다. 그게 다였다. 더는 들어올 수입이 없음에 우리는 어찌할 바를 몰랐다.

심란한 상황에서도 우리는 가계를 꾸려나가기 위해 애썼다. 닥치는 대로 일을 했다. 그 일 중에 신문 배달이 있었다. 나는 다시 5학년이던 열한 살로 돌아가게 되었다. 신문 배달은 나의 첫 아르바이트였다. 아르바이트비는 모조리 사탕을 사는 데 썼다. 그게 다였다. 신문을 배달하고 사탕을 사고.

그로부터 22년 뒤에 나는 동네 편의점 외벽에 붙은 구인광고를 보았다. 그 광고의 내용은 이랬다.

신문 배달할 남녀 모집. 구역은 희망하는 대로 선택 가능.

나는 그 광고를 본 뒤 모든 용기를 짜내었다.

어느 월요일 이른 아침으로 건너뛰어 보자. 약 2주 뒤, 내가 일을 시작한 첫 주다. 내 왼쪽 어깨엔 노란색 가방이 걸쳐 있다. 며칠 동안 면도를 못 했다. 서른일곱 부의 신문을 가방에 넣은 채 성능이 온전치 않은 자전거를 타고 간다. 서른세 살의 내가 할 수 있는 최선의 일이 이것이다.

만일 여러분에게 그 순간을 사진으로 남겨 보여 준다면 다음과 같은 요약문이 붙게 될 것이다.

꿈을 좇아 해외로 나간 작가, 처참히 무너지다.

솔직히 인정하건대 아침마다 신문을 배달하면서 나 자신을 완전한 실패자로 생각했었다. 내가 이전에 이룬 성취들을 포함해 모든 게 의미가 없어졌다. 나를 사랑한 사람들, 미래엔 더 나아질 거라는 가능성도 의미가 없어졌다. 신문 배달을 슬프고 끔찍하게 받아들였다. 노란색 가방을 멘 실패한 신문 배달부. 나는 오직 실패의 렌즈로만 자신을 보았다.

우리가 실제로 추락하고 있을 때, 실패는 우리에게 더는 희망이 없다고 세뇌할 수 있다. 바닥에 떨어지는 그 순간이 우리의 본모습이라고 믿기를 원한다. 실패는 이렇게 거짓말을 한다.

"봤지? 네가 해온 모든 것과 네가 간직한 자부심은 이제 아무것도 아냐. 바로 이 순간이야말로 너의 진짜 모습인 거야."

우리의 삶을 실패의 렌즈를 통해 보기 시작하면, 감정은 통제 불능이 되어 정상적으로 판단을 못 하게 된다. 우리는 추락을 당연한 것으로 여기고 그 추락에서 헤어 나오지 못할 거라 믿는다. 눈을 크게 뜨고 미래를 보지만, 보이는 것은 끊임없는 추락의 연속이다.

그 순간에는 그것만이 진실처럼 느껴진다.

하지만 진실은 전혀 그렇지 않다. 실패를 당연하게 여겨 〈나의 미래〉라는 영화의 거대한 스크린에 비출 일이 아니다. 우리에게는 다른 기회가 있다. 얼마든지 이렇게 말할 수가 있는 것이다.

"그래, 이건 내가 꿈꾸던 게 아니야. 내가 생각한 성공은 다른 거야. 내가 예상한 건 이런 게 아니야. 하지만 현실은 현실. 이제 어떻게 해야 할까?"

나는 아침마다 신문 배달을 하면서 이 질문을 수도 없이 되뇌었다.

그러던 어느 아침, 기적 같은 일이 일어났다. 내가 신문을 배달하는 골목의 끝 집에는, 할머니 한 분이 거실에 앉아 신문을 기다리고 있었다. 내가 신문을 넣으면 의자에서 일어나 문으로 와서는 신문을 가져갔다. 그날은 그런 일상에 변화가 생겼다. 나는 실패라는 보이지 않는 것과 심각한 전쟁을 벌이고 있었다. 연극의 한 장면처럼.

실패 : 라라–라라라–랄라라라. 멀리 못 갔네!

나 : 닥쳐!

실패 : 라라–라라라–랄라라라!

나 : 닥치라니까!

실패 : 라라–라라라–랄라라라!

이런 상황이었다.

내가 실패와 이런 복잡하고 4차원적인 언쟁을 하고 있을 때, 할머니는 의자에서 일어나 나무로 된 파란 문으로 걸어왔다. 내가 문구멍으로 밀어 넣은 신문을 집어 들기 위해서였다. 그녀가 신문을 집어 들고는 한가롭게 의자로 돌아가 팔을 걸치는 소리가 들렸다.

고개를 떨군 채 자전거로 돌아가는 동안에도 그놈의 실패와 언쟁을 계속하고 있었다.

나는 그때 갑자기 멈칫하면서 서버렸다. 문과 자전거 사이 중간쯤 이르렀을 때, 나는 한 발짝도 움직일 수 없었다.

그 상태로 잠시 무슨 일인지 이해하려 애쓰다가, 다시 그녀의 집 쪽으로 몸을 돌렸다. 거실 창 너머, 늘 신문을 읽고 있을 그녀를 보았다.

하지만 그날은 달랐다!

그녀는 의자에 앉아서 나를 정면으로 바라보고 있었다!

잠깐이었지만 하염없는 눈길이었다.

나도 그녀를 뚫어지게 쳐다보았다.

바로 그 순간, 그녀가 고개를 끄덕이며 환한 미소를 지어 보였다. 그러더니 오른손을 들어 엄지를 추켜세웠다! 그리곤 아무 일 없었다는 듯, 신문을 펼쳐 읽기 시작했다.

그게 전부였다. 하지만 예약은 필수요, 예의가 우선시되는 나라에서 그렇게 갑작스러운 응원을 경험해본 적이 없었다. 그것도 나라는 존재를 알 리 없는 노인으로부터!

나는 경쾌한 발걸음으로 자전거에 올라탔다. 평소보다 훨씬 빠르게 페달을 밟아 신문 배달을 끝냈으며, 글도 다시 썼다. 그 짧은 순간에 신문 배달부로서의 내 일을 다시 돌아보게 되었다. 배움의 기회로 삼았고, 내 삶을 이어주는 다리로 느꼈다. 이웃을 새로 보기 시작했고, 사람들과 말을 섞기 시작했다. 그리고 가끔 내 아들과 산책 삼아 걸어서 신문을 배달하기도 했다. 아들이 신문 배달을 멋진 직업이라고 생각했을 때쯤엔, 나는 내 일에 대해 전혀 다른 관점을 갖게 되었다(내 배달 대상이었던 민박집 주인이자 착한 여자 클레어는 종종 우리에게 베이컨 샌드위치를 건네기도 했다). 언젠가는 아내와 아들이 엄청나게 추운 새벽에 함께 신문을 배달하면서 뜨거운 응원을 보내기도 했다.

영국을 떠날 때, 내가 제일 그리웠던 게 무엇이었을까? 내가 신문을 배달하던 동네다. 여러분의 예상대로다. 시련은 나를 무릎 꿇리려 했지만, 나는 오히려 큰 덕을 보았다.

그것이 실패의 힘이다. 실패는 우리를 무너뜨릴 수도 있고, 더 강하게 성장시켜서 다시 도전하게 만들 수도 있다. 작은 실패 뒤엔 큰 성공이 기다리고 있다고 믿고 싶겠지만, 절대 그런 일은 없다. 실패는 우리가 사는 동안 어느 경로를 통해서든 찾아오게 마련이다. 그러니 몇 번 실패한 것을 가지고 나머지 여행이 순조로우리라 방심하면 안 된다.

이 책에 등장하는 여러 사람의 경우처럼, 실패는 우리의 의지와는 상관없이 찾아오기도 한다. 때로 고통스러운 외부적 사건들이 우리에게 패배감을 안겨 준다. 우리가 절대 원하지 않아도 찾아오는 비극이나, 한창 기세 좋게 전진할 때 닥치는 장애물처럼 말이다. 우리가 저지르는 실수 때문에 실패가 고개를 내미는 때도 있다. 어느 경우든 우리가 실패와 대면하는 것은 마찬가지다. 그것이 삶이고, 그렇게 배우는 것이다.

하지만 좋은 소식이 하나 있다. 실패해도 괜찮음을 알고, 또한 실패가 삶의 일부임을 알면, 실패가 정상적인 삶의 과정임을 알게 된다. 영화학교에서 거절당했던(두 번이나!) 스티븐 스필버그 감독을 떠올릴 수도 있고, 화가인 프리다 칼로가 견디고 극복해야 했던 사고를, 운동선수인 임마누엘 오포수 예보아에게 씌워진 사회적 오명을, 공학 분야에서의 구조적 불평등을 무너뜨리기 위해 분투했던 마리타 쳉을 떠올릴 수도 있다. 이 중에 쉬운 역경이란 없었고 같은 종류의 실패도 아니었다. 하지만 이 책에 있는 모든 사람은 실패에 정복당하지 않음으로써 세상을 변화시켰다. 그들은 주저앉거나 포기하지 않았다. 오히려 앞으로 나아갔다. 그들은 다양한 역경과 고통, 문제점들로부터 배운 것을 갖고 자신들의 일에 몰두했다. 그들은 발명했고, 그렸고, 이론을 세웠고, 추론했고, 자전거를 탔으며, 무엇보다 믿음을 가졌다.

우리는 대부분 실패에 관해 이야기하기를 꺼린다. 처음에 어떻게 실패했는지보다는 정상에 올라선 성공 이야기를 들으려는 경향이 있다. 하지만 우리는 모두 실패하기 때문에 그 경험을 서로 많이 나누면 나눌수록 좋다. 실패의 과정을 인정하고 자연스레 받아들여서 다시 노력할 수가 있다. 실패하면서 배우고, 실패하면서 다시 전진하다 보면, 다음번에 좌절하고 패배하더라도 다시 도전하기 더 쉬워진다. 비슷한 상황을 거친 타인으로부터 많이 배울수록, 우리의 여행에서 혼자라는 외로움을 덜 느끼게 된다.

얼마 전에 큰아들 타일러가 실수를 저지른 후 꽤 우울해 있었다. 나는 아들을 붙잡고 사람은 모두 실수를 저지르며, 중요한 것은 실수로부터 배우는 것이니 괜찮다고 말해 주었다. 중요한 것은 우리가 어떻게 성장하느냐이다. 아들은 잠시 내 말을 귀 기울여 듣더니 고개를 끄덕였다. 그리곤 곧 핵심을 이해했다.

타일러 : 우리는 모두 실수하지요, 아빠?
나 : 그럼, 믿어도 돼. 모든 사람은 실수하지. 그래서 인간인 거야.
타일러 : 그럼, 아빠의 실수에 대해 말해 줄 수 있어요?

빙고! 그렇게 해서 우리는 내가 저질렀던, 그리고 앞으로도 저지를 많은 실수 이야기 속으로 빠져들었다. 이야기하는 동안 나는 안도하고 있는 타일러의 표정을 읽었다. 우스운 실수에는 깔깔대며 웃었고, 심각한 실수에는 진지해졌다. 사실 수주 동안 나는 일과처럼 내 실수담들을 들려주었다. 매일 밤, 잠자리에 들기 전에 아들은 내게 물었다.

"아빠, 어릴 적에 했던 다른 실수들은 무엇이에요?"

여기서 진짜 멋진 것은, 아빠가 아무리 노력을 해도 실수를 피할 수 없었으며, 완벽함과는 거리가 먼 사람이라는 것을 타일러가 이해하기 시작한 것이었다. 그런데도 아빠는 다시 일어나서 전진한다는 것, 실패가 삶의 일부이기 때문에 그럴 수밖에 없다는 것도 알기 시작했다.

우리는 별로 잘나지 못했기 때문에 절대 이 책의 영웅들처럼 될 수 없다고 생각하기 쉽다. 우리의 실수나 실패 들로부터 커다란, 세상을 뒤흔드는 변화, 성장, 부활을 끌어내지 못한다고 생각하기 쉽다.

비참할 정도로 틀린 생각이다.

아무리 작은 일이라도 우리 가족, 우리 학급, 우리 학교, 혹은 우리

지역사회를 바꾼다면, 우리는 세계를 바꾸고 있는 것이다. 모든 것은 서로 연결되어 있다. 아주 작은 부분에 일어난, 작디작아 보이는 변화도 다른 부분들에 변화를 일으킨다. 큰 연못에 작은 돌멩이 하나를 던지는 상상을 해보자. 그 행위 자체는 완전히 사소해 보이지만, 잔물결은 표면을 가로질러 연못의 끝까지 닿는다. 작은 변화도 마찬가지다. 실패와 마주했던 또 다른 사람인 아이작 뉴턴은 모든 작용에는 반작용이 따른다는 것을 발견했다. 그리고 반작용 또한 작용이기 때문에, 작용에 대한 모든 반작용에는 또 다른 반작용이 따른다(이것은 금방 잊힐 수가 있지만, 요점은 이해했을 것이다).

여러분과 나는 조앤 롤링이나 찰스 듀튼, 혹은 소니아 소토마요르나 앵 리가 될 수는 없겠지만, 그래도 우리는 여전히 우리다. 우리의 길은 이 책에 수록된 사람들과 크게 다르지 않다. 그들처럼 우리에게도 꿈이 있다. 그들처럼 우리도 실패한다. 그리고 그들처럼 우리도 흙을 툴툴 털고 자리에서 일어나 어쨌든 앞으로 나아갈 것이다.

무엇보다, 내가 아는 성공에 대한 정의는 바로 그것뿐이다.

그리고 누가 알겠는가? 만일 『실패 수업 2』가 나온다면 그 책에 여러분의 이야기가 담길지!

질문들

마음속 불꽃을 일으키고 심장을 뛰게 하는,
실패와 성공(또한 그 사이의 모든 것)에 관한 100가지 질문

1   성공이란 무엇인가?

2   여러분에게 성공이란 무엇인가?

3   여러분 자신을 위한 성공의 정의와 타인을 위한 성공의 정의는 다른가?
    왜 다르며, 혹은 왜 다르지 않은가?

4   여러분 학교의 사람들은 성공을, 또한 실패를 어떻게 정의하는가?

5   여러분의 가족들은 성공과 실패에 관해 어떻게 이야기하는가?

6   여러분의 사회에서 실패는 수치스러운 일인가? 왜 수치이며, 혹은 왜 수치가 아닌가?

7   모든 사람이 성공할 수 있으려면 꼭 실패를 겪어야 한다고 생각하는가?

8   성공의 맛을 본 후에도 사람들은 실패할 수 있다고 생각하는가?

9   꿈을 좇는 과정에 장애물들이 등장한다면 그것이 무엇을 의미하는가?

10 만일 모든 사람이 항상 첫 번째에 완벽히 성공한다면 세상은 어떤 모습일까?

11 여러분은 타인의 실수나 실패담을 듣기를 좋아하는가?
    왜 좋아하며, 혹은 왜 싫어하는가?

12 한 번도 실패한 적 없는 사람을 생각할 수 있는가?

13 여러분의 부모님은 어떤 실패들을 겪으며 사셨는가?

14 그 실패에 대한 여러분의 부모님 반응은 어땠으며, 달리 반응했어야 한다고
    생각하는가? 왜 그러며, 혹은 왜 그러지 않는가?

15 여러분이 사랑하는 일에 실패하거나 혹은 관심이 없는 일에 성공하기를 바라는가?
    그렇다면 왜인가?

16 여러분의 성공을 다른 사람들이 알 필요가 있는가? 왜 그런가, 혹은 왜 아닌가?

17 여러분의 실패를 다른 사람들이 알 필요가 있는가? 왜 그런가, 혹은 왜 아닌가?

18 침착함이란 무슨 의미인가? 여러분 주위에 이러한 성격을 가진 사람이 있는가?

19 여러분 자신을 묘사할 때 3개의 형용사를 쓴다면 그것은 무엇인가?

20 여러분의 형제가 여러분을 묘사할 때 3개의 형용사를 쓴다면 그것은 무엇인가?

21 학교에 있는 사람들이 여러분을 묘사할 때 사용해 줬으면 하는 형용사 3개는?

22 여러분의 삶에서 현재 가장 중요한 가치는 무엇인가?

23 여러분의 삶에서 앞으로 가장 중요한 가치이기를 바라는 것은 무엇인가?

24 여러분은 매일 무엇을 하는 데 가장 많은 시간을 들이는가?

25 여러분이 매일 가장 적은 시간을 들이는 것은 무엇인가?

26 여러분이 가장 존경하는 사람(현존하는 사람이든 고인이든)은 누구인가?

27 만일 여러분이 다른 사람이 되어 1주일을 살 수 있다면
    누구의 삶을 선택할 것인가? 그 이유는?

28 다양한 종류의 성공을 경험할 수 있다면 여러분은 무엇을 선택할 것인가? 그 이유는?

29 여러분이 한 분야에서 커다란 실패를 경험해야만 한다면 어떤 분야로 할 것인가?
    그 이유는?

30 여러분이 성공과 행복 중의 하나를 선택해야 한다면 무엇을 선택할 것인가?

31 성공이 항상 기쁨을 동반하는가? 왜 그러며, 혹은 왜 그렇지 않은가?

32 실패가 항상 마음을 아프게 하는가? 왜 그러며, 혹은 왜 그렇지 않은가?

33 패배가 승리의 다른 형태가 될 수 있는가? 어떻게?

34 승리가 패배의 다른 형태가 될 수 있는가? 어떻게?

35 만일 여러분이 성공의 정의를 바꿀 수 있고, 사람들이 모두
그 정의에 따라야 한다면 그 정의의 내용은 무엇인가?

36 만일 여러분이 대부분 사람의 성공과 실패의 비율을 평균적으로 계산할 수 있다면
각각 몇 퍼센트를 차지할 것이며, 그렇게 생각하는 이유는?

37 여러분과 친한 사람들에게 그들이 실패한 시기에 관해 물어보라. 그들의 대답이
여러분을 놀라게 하는가? 왜 그러하며, 혹은 왜 그렇지 아니한가?

38 여러분의 학교에서 받아 줄 수 있는 실패는 어떤 종류인가? 그 이유는?

39 여러분의 학교에서 받아 줄 수 없는 실패는 어떤 종류인가?
여러분은 그것을 어떻게 아는가?

40 어떤 성공의 맛이 가장 달콤하다고 생각하는가? 혹은 별다른 맛이 없는 성공은?

41 20년 뒤의 미래를 생각해 보라. 그때 여러분에겐 무엇이 성공일 것인가?
또한 50년 뒤에는 어떠할 것인가?

42 여러분의 미래를 생각할 때 무엇을 희망하고, 무엇이 두려운가?

43 안 좋은 성적표를 받으면 느낌이 어떤가? 높은 성적을 받으면 느낌이 어떤가?

44 만일 여러분이 학교의 성적을 모두 없앨 수 있다면, 없애겠는가?
왜 그러하며, 혹은 왜 그렇지 아니한가?

45 여러분 삶에서 가장 큰 지지를 받는다고 느낄 때는 언제인가?

46 여러분은 언제 가장 심하게 낙인이 찍히고 비난을 받는다고 느끼는가?

47 만일 여러분이 초등학교 1학년의 자신으로 돌아갈 수 있다면
그 아이에게 무슨 말을 해주고 싶은가?

48 만일 여러분이 쉰 살의 자신으로 미리 갈 수 있다면
    그 사람에게 무슨 말을 해주고 싶은가?

49 여러분에게 열심히 일하는 것, 혹은 열심히 공부하는 것은 무슨 의미인가?

50 일/공부가 재미있을 수도, 괴로울 수도 있는가? 왜 그러하며, 혹은 왜 그렇지 아니한가?

51 여러분이 가장 좋아하는 영화 3편을 골라보라. 그 영화들을 왜 그리 좋아하는가?

52 여러분이 가장 좋아하는 책 3권을 골라보라. 그 책들을 왜 그리 좋아하는가?

53 만일 여러분이 영화나 책 속의 등장인물이 될 수 있다면 누가 되고 싶은가? 그 이유는?

54 만일 지금 당장 여러분에게 성공이 허락된다면 무엇을 선택할 것인가? 그 이유는?

55 만일 여러분의 희망과 꿈이 지금 당장 현실로 이루어지는 것이 보장된다면
    바로 실행하겠는가? 왜 그러하며, 혹은 왜 그렇지 아니한가?

56 여러분의 삶에서 저지른 모든 실수를 지울 수 있다면 지우겠는가?
    왜 그러하며, 혹은 왜 그렇지 아니한가?

57 초등학교 3학년 교실에서 실패와 성공에 관해 말해야 한다면,
    여러분은 무슨 말을 하겠는가?

58 만일 여러분이 크고 어려운 성공을 거둔 사람의 이야기를 영화로 만들었다면,
    그것은 누구의 어떤 이야기를 담은 영화이겠는가?

59 만일 여러분이 지금까지의 삶을 음반으로 만들 수 있다면,
    어떤 노래들이 그 음반에 수록될 것인가? 그 이유는?

60 만일 여러분이 어제를 반복해서 살 수 있다면 무엇을 달리하겠으며, 무엇을 똑같이
    하겠는가?

61 만일 여러분에게 남은 생애 동안 하루를 두 번씩 살 기회가 온다면, 그 제안을 받아
    들이겠는가? 왜 그러하며, 혹은 왜 그렇지 아니한가?

62 친구가 꼭 이루고 싶은 것을 이루는 데 실패한다면, 여러분은 무슨 말을 해 줄 것인가?

63 여러분이 꼭 이루고 싶은 것을 이루는 데 실패했을 때, 여러분의 좋은 친구가 무슨 얘기를 해 주기를 바라는가?

64 여러분은 자신의 실패들을 감추고 싶은가? 왜 그러하며, 혹은 왜 그렇지 아니한가?

65 누군가를 자랑스럽게 여긴다는 것은 무슨 의미인가?

66 여러분 자신을 자랑스럽게 여긴다는 것은 무슨 의미인가?

67 여러분은 결정을 쉽게 내리는가, 아니면 무엇을 선택할지 결정하는 걸 힘들어하는가? 여러분의 결정 내리기가 그러한 이유는?

68 여러분은 누구에게 조언을 구하며, 그 이유는?

69 만일 여러분이 이 책에 나온 사람을 만나 삶의 가장 큰 도전에 관해 대화할 수 있다면 여러분은 누구를 선택할 것이며, 그 이유는?

70 만일 여러분이 이 책에 나온 사람을 향후 5년간 여러분의 멘토로 삼을 수 있다면 누구를 선택할 것인가? 그 이유는?

71 여러분은 이 책의 누구와 가장 닮은 점이 많다고 생각하는가? 그 이유는?

72 여러분은 이 책의 누구와 가장 닮은 점이 적다고 생각하는가? 그 이유는?

73 여러분은 사람들이 성공보다 실패를 더 많이 한다고 생각하는가, 아니면 그 반대라고 생각하는가? 여러분은 왜 그렇게 생각하는가?

74 만일 큰 장애물을 넘기 위해 고전하고 있는 사람에게 여러분이 3가지 조언을 해야만 한다면 무슨 말을 할 것인가?

75 만일 이제 막 성공한 사람에게 여러분이 3가지 조언을 해야만 한다면 무슨 말을 할 것인가?

76 제일 친한 친구에게서 여러분이 보고 싶은 3가지의 가치는 무엇인가?
그 가치들을 여러분도 갖고 있는가?

77 지도자가 갖춰야 할 가장 중요한 특징은 무엇이라 생각하는가? 그 이유는?

78 여러분은 너무 과한 성공이 문제를 일으킬 수 있다고 생각하는가?
왜 그러하며, 혹은 왜 그렇지 아니한가?

79 어떤 종류의 성공이 가장 유익하다고 생각하는가? 그 이유는?

80 어떤 종류의 성공이 가장 위험하다고 생각하는가? 그 이유는?

81 어떤 종류의 실패가 가장 유익하다고 생각하는가? 그 이유는?

82 어떤 종류의 실패가 가장 위험하다고 생각하는가? 그 이유는?

83 만일 여러분이 자신의 학교를 세울 수 있다면 어떤 학교를 세우겠는가?

84 만일 여러분이 회사의 사장이라면 어떤 회사로 만들겠는가?

85 만일 단 하나의 업적으로 명성을 얻는다면 그 업적은 무엇일까? 그 이유는?

86 만일 여러분의 실패에 대해 친구들이 모두 알아야 한다면
그들에게 어떤 실패를 알려 주겠는가? 그 이유는?

87 만일 여러분이 특수한 과목이나 분야에 대해 놀랄 만한 지식을 가질 수 있다면,
어떤 과목이나 분야를 선택하겠는가? 그 선택의 이유는?

88 실패에 대처하는 가장 좋은 방법은 무엇인가?

89 만일 여러분이 슈퍼 히어로가 될 수 있다면 여러분은 어느 영웅을 선택하겠는가?
그 이유는?

90 만일 슈퍼 히어로가 여러분의 친구가 될 수 있다면
여러분은 어느 영웅을 선택하겠는가? 그 이유는?

91 만일 여러분이 자신에게 능력을 추가할 수 있다면, 어떤 능력을 추가할 것이며, 그 이유는?

92 만일 여러분이 자신의 약점 중 하나를 없앨 수 있다면, 무엇을 없앨 것이며, 그 이유는?

93 지금으로부터 10년 뒤에 여러분은 어떤 모습이면 좋겠는가?

94 만일 여러분이 삶의 가장 큰 목표 3가지를 이룰 수 있도록 보장받는다면, 그 3가지는 무엇인가? 왜 그것들이 중요한가?

95 만일 여러분이 어떤 질문이든 할 수 있고 답도 분명히 받을 수 있다면 여러분은 무엇을 물어보겠는가? 그리고 특히 그것을 알고 싶은 이유는 무엇인가?

96 여러분은 다른 사람들이 여러분에 관해 어떤 점을 알아보고 이해했으면 좋겠는가?

97 만일 여러분이 다른 사람은 절대 알 수 없는 비밀 능력을 갖출 수 있다면 그것이 무엇이기를 바라는가? 그리고 그 능력이 특별한 이유는?

98 다음 문장을 완성하시오.
삶에서 가장 중요한 것은 _____이다.

99 다음 문장을 완성하시오.
삶에서 가장 어려운 것은 _____이다.

100 다음 문장을 완성하시오.
다른 무엇보다 나의 가장 큰 희망은 _____이다.

감사의 말

실패에 관한 책이 맞닥뜨린 기묘한 모순이 있다.

그 모순은 이 책이 감당할 몫이다.

작가라면 알겠지만, 책이 출판되기까지의 여정은 절대 일정대로 순탄하게 진행되지 않는다. 모든 책에는 자신의 집을 찾아가는 여정이 있는데, 때로는 그게 몇 년이 걸리기도 한다(실제로 이 책에 등장하는 작가 중 일부는 너무 오래 걸려 너덜너덜해진 길을 걸었다!). 그리고 우여곡절 끝에 세상에 나온 책에는 고마움을 전해야 할 사람들이 마을을 이룰 만큼 많다. 이 책의 경우 그 마을은 헌신적이고 따뜻하며, 끝없는 격려를 보내주었다.

나의 대리인인 에린 머피 문학대행사의 애미 존에게: 이 기획에 흔들림 없는 지지를 보내준 여러분에게 고마움을 표한다. 아이디어, 기획, 가능성, 그리고 꿈을 꾸게 해 준 여러분에게 감사할 이유는 수도 없이 많다. 그중에 가장 감사한 것은, 내가 이 책의 기획 의도를 보냈을 때 여러분은 곧바로 내게 지지의 응답을 해 준 것이다(화이팅!). 모든 과정에서 방향을 잡아주었고 나와 책에 대한 믿음을 잃지 않았다. 또한 끊임없는 지지와 도움, 그리고 문학과 삶에서 생기 넘치는 유머를 보여 준 에린 머피 문학대행사의 록스타와 같은 존재인 에린 머피와 데니스 스티븐스에게 큰 갈채를 보낸다.

'비욘드 워즈 출판사'의 편집자인 린지 이스터브룩스 브라운에게: 또 하나의 책을 함께 만드는 진정한 기쁨을 준 것에 대해 감사하다! 여러분이 이 책의 방향을 잡아주어 내가 애초에 계획했던 것보다 더 다양한 인물들을 탐구하고 묘사하도록 도와주어서 매우 고맙다. 여러분의 관점과 지지 덕에 이 책이 나올 수 있어서 기쁘다.

내 담당 편집자인 젠 위버 니스트에게: 쉴 새 없이 나와 메일을 주고받으면서 수정할 방향을 안내해 주고 희망을 준 것에 고마움을 표한다. 이번 수정을 하는 과정에서 여러분은 산과 굽이를 넘어 양 떼를 안내하듯 내 원고를 능숙하게 다루어주었다. 아이디어를 포착해내는 창의적이고 신선한 능력의 원천인 여러분의 유머 감각에 경의를 표한다. 또한 출판사에 헌신하고 창의성을 함께 나눈 그 열정은 크나큰 도움이 되었기에 깊이 감사한다.

출판사의 팀원들인 에말리사 스패로두 우드, 크리스틴 틸, 코린 캘러스키, 타라 레만, 루스 후크, 데본 스미스, 그리고 빌 브런슨에게: 여러분이 보여 준 열정과 에너지에 이 책을 대신해 고마움을 표한다!

내 인생의 세 분의 중요한 멘토분들에게: 5학년 때 담임이셨던 로버트 루니 선생님은 내게 학교는 즐거우면서도 정의로운 곳이어야 한다는 걸 보여 주셨다. 내 감독교사였던 존 로빈슨 선생님은 교실에서뿐 아니라 글을 통해서 희망의 정의를 가르쳐 주셨다. 그리고 내 동료 교사인 마이크 던 선생님은 새로 부임한 나를 친절하게 돌봐 주셨고 웃음이 떠나지 않도록 도와주셨다.

어머니, 아버지, 그리고 멋진 가족들에게: 해리, 캐시, 크리스, 맷. 야망과 삶의 진정성 모두 흥겹게 갈망했던 여러분에게 감사하다. 또한 맨디, 칼렙, 에반, 모건, 수, 웬델, 폴, 다이애나, 데이빗, 위트니, 미카, 그리고 엠마에게도 고마움을 전한다.

친절하고 협조적인 분위기에서 내게 많은 가르침을 준 엔디콧 대학 교육학과의 동료 교수들, 또한 나 자신도 성장과 배움을 즐겼던 공립학교의 동료 교사들 모두에게 감사를 전한다.

내 아들 타일러, 벤자민, 그리고 조슈아에게: 살면서 겪는 실수나 실패가 결코 마지막 선고가 아님을 깨닫기 바라며, 이 책을 너희 셋에게 바친다. 우리가 배움을 얻기만 한다면 그 실수와 실패는 즉시 가치를 갖게 된단다. 내가 아무리 부족한 아빠이지만 이렇게 노력하며 사는 사람이란 걸 이해하길 바란다. 하지만 내가 너희들에게 가장 바라는 것은 이기심을 부추기는 이 세상에서도 겁내지 말고 부드러운 마음의 소유자들이 되는 것이다. 강해지기 위해 기고만장하거나, 목소리가 크거나, 거칠어질 필요는 없다. 진정한 강함은 자신을 과시하지 않고, 오히려 조용하단다. 진정한 강함은 부드럽단다. 진정한 강함은 타인을 보호하고, 타인을 사랑하며, 타인의 목소리에 귀를 기울인

단다. 냉혹하고 이기적인 세상에서 철저하게 따뜻하고 부드러운 사람들이기를 기원한다. 너희 모두 마음 깊이 사랑한다. 그리고 나는 이 책에 쓴 대로 살려고 노력하련다.

내 아내 제니퍼 레이놀즈에게: 내 영혼의 짝이자 최고의 친구가 되어 줘 고마워. 차 한 잔을 마시며 이 책에 나오는 사람들에 관해 당신과 밤늦도록 나눈 대화는 더할 나위 없이 아름다웠어. 나는 책을 쓴다고 생각했지만 우리가 이야기를 나누고 우리의 삶과 육아의 방식을 다시 생각하게 되었을 때, 나는 이 기획이 단순히 책이 아니라 삶의 방식의 문제여야 한다는 걸 깨달았어. 우리 자신보다는 더 큰 목적을 위해, 그리고 편함보다는 올바름을 최우선 순위에 놓고 함께 살아온 당신에게 고마워. 두려움을 이기고 꿈을 꾸도록, 또한 전혀 가능성이 없어 보일 때에도 변화를 만들어 내도록 격려해 줘서 고마워. 내 모든 것은 당신 덕분이야. 그리고 세상에 구제 불능이란 없다는 걸 깨닫게 해 줘서 고마워.

십 대를 위한 **실패 수업**
: 과학·문화·예술 편

1판 1쇄 찍은날 2019년 5월 31일
1판 4쇄 펴낸날 2021년 3월 17일

지은이 | 루크 레이놀즈
옮긴이 | 정화진
펴낸이 | 정종호
펴낸곳 | 청어람e

책임편집 | 김상기
마케팅 | 황효선
제작관리 | 정수진
인쇄·제본 | (주)에스제이피앤비

등록 | 1998년 12월 8일 제22-1469호
주소 | 03908 서울 마포구 월드컵북로 375, 402호
이메일 | chungaram_e@naver.com
전화 | 02-3143-4006~8
팩스 | 02-3143-4003

ISBN 979-11-5871-106-1 43000
잘못된 책은 구입하신 서점에서 바꾸어 드립니다.
값은 뒤표지에 있습니다.

청어람 e)) 는 미래세대와 함께하는 출판과 교육을 전문으로 하는 **청어람미디어**의 브랜드입니다.
어린이, 청소년 그리고 청년들이 현재를 돌보고 미래를 준비할 수 있도록 즐겁게 기획하고 실천합니다.